Rosemarie Nave-Herz
Kinderlose Ehen

Rosemarie Nave-Herz

Kinderlose Ehen

Eine empirische Studie über die Lebenssituation kinderloser Ehepaare und die Gründe für ihre Kinderlosigkeit

Juventa Verlag
Weinheim und München 1988

Über die Autorin:
Rosemarie Nave-Herz, Dr. phil., ist Professorin für Soziologie mit dem Schwerpunkt Familie, Jugend, Freizeit an der Universität Oldenburg. Sie ist Mitglied des Wissenschaftlichen Beirats beim BMJFFG und nebenamtliche wissenschaftliche Leiterin des Instituts Frau und Gesellschaft in Hannover.

CIP-Titelaufnahme der Deutschen Bibliothek

Nave-Herz, Rosemarie:
Kinderlose Ehen : e. empir. Studie über d. Lebenssituation kinderloser Ehepaare u.d. Gründe für ihre Kinderlosigkeit / Rosemarie Nave-Herz. - Weinheim ; München : Juventa-Verl., 1988
(Materialien)
ISBN 3-7799-0688-0

Typoskript: Schreibservice Seiler, Weinheim

Umschlaggestaltung: Atelier Warminski, 6470 Büdingen 8
Printed in Germany

ISBN 3-7799-0688-0

Inhalt

Vorbemerkung

Zentraler Gegenstand des vorliegenden Buches ist die Darstellung und Interpretation der Ergebnisse einer qualitativen und quantitativen Befragung von kinderlosen Ehepaaren. Diese Erhebung wäre nicht ohne die Unterstützung und Mitarbeit vieler Personen möglich gewesen. Ihnen allen möchte ich sehr herzlich danken: den Interviewten für ihre Anteilnahme und für die Zeit, die sie uns zur Verfügung stellten, den Interviewerinnen und Interviewern, Frau Gitta Scheller und Frau Sylvia Hauser, für die Durchführung der qualitativen Interviews und dafür, daß sie die gesamte Datenerhebung organisierten, ferner daß sie die abgeschriebenen Tonbandprotokolle überprüften und korrigierten sowie die Fragebögen zum Teil kodierten, Frau Ursula Oßwald für die datentechnische Verarbeitung und die Erstellung des Sachverzeichnisses, Frau Gisela Jachol für das Transkribieren der Tonbandprotokolle, Frau Marion Meiners für das Abschreiben der Manuskripte und Herrn Dirk Sander für das mehrmalige Lesen aller Texte auf Tipp- und später auf Druckfehler. Die VW-Stiftung hat schließlich durch die Finanzierung des Projektes überhaupt erst die Möglichkeit dieser Untersuchung geschaffen.

Oldenburg, im Februar 1988

R. Nave-Herz

I. Einführung

1. Ein historischer Rückblick über die öffentliche Einstellung zur Kinderlosigkeit

Kinderlose Ehen gab es zu allen Zeiten und in allen Kulturen. Eine ganz besondere Bedeutung kamen (und kommen) ihnen in jenen Gesellschaften und sozialen Schichten zu, in denen durch die Ehe und ihre Nachkommen Besitz, Vermögen, Namen, Land u.a.m. weitervererbt werden kann, oder Kinder die Alters- und Krankenversorgung der älteren Familienmitglieder garantieren müssen.

Am bekanntesten wurde die Kinderlosigkeit vor allem in jenen Ehen, in denen wegen der Erbfolge die Infertilität des politisch herrschenden Ehepartners die Weltgeschichte beeinflußt hat.

Kinderlos – trotz einer oder mehrerer Ehen – blieben z.B. Kaiser Augustus, Heinrich II., Heinrich V., Friedrich der Große, Ludwig XVIII. (vgl. E. Heinke und R. Döpfmer, 1960, S. 28 ff.). Eine kinderlose Ehe führten Künstler und Wissenschaftler: Albrecht Dürer, Salvadore Dali, Max Weber, Karl Jaspers. Wegen der Folgen, die eine kinderlose Ehe nicht nur für die Ehepartner selbst, sondern auch für den Familienverband haben konnte, galt in vielen Kulturen Kinderlosigkeit in einer Ehe als Scheidungsgrund (vgl. H. Kisch 1886, S. 3; E. Heinke und R. Döpfmer 1960, S. 16; M. Mitterauer 1979, S. 22) und als Rechtfertigung für die Verstoßung der Frau.

Andere Kulturen versuchten durch eigens hierfür geschaffene Institutionen die Folgen einer kinderlosen Ehe zu vermeiden. So wird bereits im Alten Testament über die Leviratsehe bei Unfruchtbarkeit des Familienoberhauptes berichtet.

In anderen Kulturen wiederum – z.B. in bestimmten Regionen Bayerns und in der Schweiz – ging man gar nicht erst das Risiko einer kinderlosen Ehe ein, sondern der Hochzeitstermin wurde erst bei Schwangerschaft der Braut festgesetzt (vgl. R. König 1965, S. 164).

Kinderlosigkeit in einer Ehe war also in früheren Zeiten fast immer unfreiwillig. Wer kinderlos bleiben wollte und sollte, blieb bereits von der Ehe ausgeschlossen, z.B. die Tempeljungfrauen bei den alten Ägyptern oder Germanen, die Nonnen und Mönche der christlichen und buddhistischen Klöster, ferner bestimmte Personen, für die zu bestimmten Zeiten öffentliche Heiratsverbote galten, wie für Knechte, Gesellen, Offiziere (G. Mackenroth 1953, S. 341, 427 ff., 431 ff.; H.W. Hubbard 1983).

Heiraten hatte in allen europäischen Kulturen der Vergangenheit grundsätzlich die Zeugung von Nachwuchs zum Ziel, und das Eintreten in den Ehestand war deshalb so selbstverständlich verknüpft mit Kindern, daß hier Kinderlosigkeit gar nicht als Entscheidung möglich war. M. Mitterauer schreibt: "Selbst für die radikalsten Verfechter des Vorrangs der Jungfräulichkeit vor der Ehe stand jedenfalls im Hinblick auf die Fortpflanzung der Wert der Ehe außer Streit. Die Forderung nach Enthaltsamkeit in der Ehe – das Ideal der sogenannten 'Josephsehe' – hat in der Geschichte kaum jemals besondere Bedeutung, geschweige denn gesellschaftliche Wirksamkeit erlangt. Ehe ohne Elternschaft als selbständiger Wert war der alteuropäischen Welt im Prinzip fremd." (M. Mitterauer 1979, S. 21).

Daß man Kinderlosigkeit in einer Ehe nicht mit Gleichgültigkeit hinnahm, sondern sie sogar vielfach ächtete und die Betroffenen sie somit fürchteten, spiegeln zahlreiche Sagen, Märchen, Volksbräuche und -glaubenssätze wider, mit denen versucht wurde, die Kinderlosigkeit einerseits zu erklären und andererseits zu behandeln.

Verbreitet war die Auffassung, in der Kinderlosigkeit einen Fluch zu sehen oder sie als Folge einer verbotenen Beziehung zum Dämonischen und Unterirdischen (Zwerge sind z.B. kinderlos) oder als Strafe der überirdischen Mächte zu interpretieren. Impotenz in der Ehe wurde ferner auf die zauberische Wirkung einer anderen Frau sowie auf den Bindezauber in allen seinen Formen, vor allem auf das Nestelknüpfen, zurückgeführt, das derart gefürchtet war, daß schon dessen Vermutung in späteren Zeiten zum Inhalt von Hexenprozessen hochstilisiert werden konnte (R. Beitl 1974, S. 394; H. Bächtold-Gränzli, 1931/1932, S. 1374 ff.).

De Westphalen berichtet z.B. über die Vorstellungen von den "Noueurs d'aiguillette". Diese Zauberer oder Hexen konnten "im Augenblick, da der Priester ein Paar vereinigte, Knoten von besonderer Form in eine Handschnur knüpfen. Die Zahl der Knoten gab die Zahl von 'ungeborenen' Kindern an. In extremen Fällen verurteilten die 'Noueurs d'aiguillette' den Mann zur Impotenz" (zit. bei F. Loux 1980, S. 37).

Kinderlosigkeit wurde ferner interpretiert als Folge bestimmter Verhaltensweisen und damit als selbstverschuldet, z.B. durch unzüchtigen Lebenswandel in der Jugend, durch Verspottung und Beschimpfung Kinderreicher u.a.m. (vgl. ausführlicher H. Bächtold-Gränzli 1931/1932, S. 1374 ff.). Bereits bestimmte Handlungen seitens der Mutter während der Schwangerschaft sollten zur späteren Kinderlosigkeit ihrer Kinder führen: So konnte z.B. der Sohn infertil werden, "wenn die schwangere Mutter in der Mittagssonne gebacken und verschütteten Met getrunken hat" (Talmud VIII, 3; zit. bei E. Heinke und R. Döpfmer 1960, S. 5). Auch versuchte man, bestimmte Gebote durch die Angst vor Kinderlosigkeit abzusichern. So war u.a. der Glaube verbreitet, daß "wenn eine Frau oder ein junges Mädchen einem Maler oder einem Bildhauer Modell zur heiligen Jungfrau steht, die das Jesuskind im Arm hält, sie niemals Kinder haben wird" (F. Loux, 1980, S. 33).

Die "Schuld" für die Kinderlosigkeit in einer Ehe wies man vornehmlich den Ehefrauen zu, und man ächtete sie wegen fehlender Nachkommenschaft z.T. sehr stark, wie bereits aus der Bibel zu entnehmen ist. Diese einseitige Schuldzuschreibung war bei uns im übrigen noch bis zur Jahrhundertwende allgemein üblich, wie M. Stauber (1979) berichtet, obwohl bereits in der altägyptischen und altindischen Medizin sowie im Talmud Fertilitätsstörungen beim Mann beschrieben wurden, und medizinische Schriften aus dem Jahre 1647 bezeugen, daß man bereits sehr detaillierte Kenntnisse über die eheliche Sterilität, verursacht durch den

Ehemann, besaß (vgl. E. Heinke und R. Döpfmer 1960; C. Schieren 1961).

Wie angstbesetzt die Ehepartner selbst auf unerfüllte Kinderwünsche reagierten, zeigen auch die Mittel, die angewandt wurden, um der Kinderlosigkeit vorzubeugen. Nach G. Condrau (1969) gab es kaum eine andere "menschliche Unvollkommenheit", die derart mit "abergläubischem Zauber und Magie" verknüpft wurde.

Wallfahrten zu bestimmten weiblichen Heiligen, z.B. zur heiligen Anna, der Mutter der Jungfrau, die durch ein Wunder von ihrer Unfruchtbarkeit geheilt worden sein soll, aber auch zu männlichen Fürbittern, sollten Abhilfe schaffen, häufig verbunden mit vorgeschriebenen rituellen Handlungen, z.B. dem Berühren bestimmter Teile einer Statue, Darbringen von Geschenken u.a.m. (vgl. ausführlicher hierzu F. Loux 1980, S. 34 ff.). Badekuren, Zaubertränke, Kräuter und bestimmte sexuell stimulierende Nahrungsmittel (vgl. hierzu ausführlicher S. Borelli 1960, S. 737 ff.) wurden empfohlen. Schon der Talmud nannte eine Behandlung gegen Infertilität: "Wer für den Beischlaf nicht kräftig ist, nehme 3 Quapik Mistsafran, zerreibe ihn, koche ihn mit Wein und trinke ihn" (E. Heinke und R. Döpfmer 1960, S. 6). Auch andere "Rezepte" verordneten "weise Frauen" oder bekannte "Mediziner" im Mittelalter: Kinderlose Frauen sollten z.B. Steinpulver, das von ihnen selbst von einer männlichen Heiligenfigur abzukratzen war, mit Weißwein vermischt auf nüchternem Magen zu sich nehmen (F. Loux 1980, S. 35). St. Hildegard riet Männern, deren "Samen ohne zu befruchten zerfließen": "Er nehme Haselnußkerne, den Dritteil davon scharfen Mauerpfeffer und den vierten Teil vom Mauerpfeffer Zaunglokkenkraut und ein wenig gewöhnlichen Pfeffer. Diese koche man mit der Leber eines jungen Bockes, der bereits sprungreif ist und gebe noch etwas rohes, fettes Schweinefleisch hinzu. Dieses Fleisch genieße man oft mit Brot, das man zuvor in die Kochbrühe tunkt, bis von dessen Saft der Same Zeugungskraft gewinnt, wenn es das gerechte Urteil Gottes erlaubt, daß dem so geschieht" (zit. bei E. Heinke und R. Döpfmer 1960, S. 15).

In der medizin-geschichtlichen Literatur kann man eine Fülle derartiger Beispiele zur Behandlung von

Kinderlosigkeit sowohl bei Männern als auch bei Frauen lesen; ihre Autoren betonen ferner, daß es vom Altertum bis hin zur Gegenwart immer eine "Schar von Quacksalbern" gegeben hätte, die ihre Geschäfte mit der Angst vor Kinderlosigkeit mit heilenden Speisen, Tränken, Salben u.a.m. gemacht hätten (vgl. S. Borelli 1960, E. Heinke und R. Döpfmer 1960, S. 2 ff.).

Soziologisch gesehen sind derartige "Verordnungen" – wie die oben wiedergegebenen von St. Hildegard – insofern interessant, weil sie zeigen, wie drei psychologische Dimensionen zusammengefügt werden und sich gegenseitig stützen. Sie stellen eine Vermischung dar: 1. von Alltagserfahrungen, nämlich von der über die stimulierende Wirkung bestimmter Speisen, vor allem von Gewürzen, 2. von – sehr alten – Volksglaubensvorstellungen, nämlich, daß die Kraft (hier: Zeugungskraft) durch "Opfertiere" (im o.a. Beispiel: des jungen Bockes) auf Menschen übertragbar sei, indem man sie (oder Teile von ihnen) sich "einverleibt", und – letztlich – 3. von religiösen Glaubenssätzen; denn alles soll schließlich nach Gottes Wunsch geschehen.

Die in den beschriebenen Sachverhalten implizierte Abwertung kinderloser Ehepaare in der Vergangenheit unterstützte automatisch die Aufwertung der ehelichen Fruchtbarkeit, der in allen Gesellschaften, deren Bestand durch hohe Sterblichkeit gefährdet war, prinzipiell ein hoher Wert beigemessen wurde (M. Mitterauer 1979, S. 22).

Da bei uns heutzutage die niedrigste Sterblichkeitsziffer in der Geschichte gegeben ist, könnte die Abnahme der öffentlichen Diskriminierung kinderloser Ehen auch hierauf zurückzuführen sein.

So lange ferner Kinderlosigkeit derart diskriminiert wurde, ist davon auszugehen, daß kaum jemand die kinderlose Ehe als Lebensziel freiwillig zu wählen gesinnt war.

Die Möglichkeit der bewußt gewählten kinderlosen Ehe ist ein neuartiges gesellschaftliches Phänomen, zurückzuführen auf ein Bündel weiterer Veränderungsprozesse ideeller und materieller Art. Letztlich – keineswegs aber allein – hat die Verbreitung von Antikonzeptiva und ihr höherer Grad an Zuverlässigkeit in der Empfängnisverhütung die Entscheidungsmöglichkeit für oder gegen Kinder bewußter werden lassen. Deshalb betont H. v. Lear zu recht: "Mußte man sich früher relativ mühsam um empfängnisverhütende Mittel kümmern, wenn man keine Kinder wollte, so muß man sich heute meist bewußt dazu entschließen, diese Mittel abzusetzen, wenn man Kinder will. Der Entscheidungsprozeß läuft in der Regel jetzt umgekehrt" (zit. in E. Beck-Gernsheim 1988, S. 210).

Somit sind heute kinderlose Ehen danach zu unterscheiden, ob ihre Kinderlosigkeit auf entscheidungsrelevanten oder der Entscheidung entzogenen (also auf medizinischen oder psychosomatischen) Gründen beruht. Zu vermuten ist, daß beide Gruppen sich in vieler Hinsicht, vor allem auch in ihrer Einstellung zur Kinderlosigkeit, stark voneinander unterscheiden und daß sie auch unterschiedlich öffentlich bewertet werden. In den folgenden Kapiteln soll dieser Frage ebenfalls nachgegangen und deshalb nach den verschiedenen Formen der Kinderlosigkeit differenziert werden.

2. Kinderlosigkeit als Gegenstand der Forschung

Schon in den ältesten Quellen medizinischer Forschung wird Kinderlosigkeit erwähnt und über diesbezügliche Behandlungsmöglichkeiten berichtet (vgl. hierzu ausführlicher H. Kisch 1886, S. 2 ff.; E. Heinke und R. Döpfmer 1960; C. Schieren 1961). Das Thema besitzt in dieser Disziplin eine lange Tradition. Ende der 20er Jahre dieses Jahrhunderts vermischten sich dann in verstärktem Maße medizinische Betrachtungsweisen über kinderlose Ehen mit kulturkritischen Überlegungen. So trägt z.B. eine Abhandlung von H. Stieve (1926) den beziehungsreichen Titel: "Unfruchtbarkeit als Folge unnatürlicher Lebensweise".

Unter sozialwissenschaftlichem Aspekt dagegen wurde in Deutschland Kinderlosigkeit bisher sehr selten wissenschaftlich behandelt; zuerst und häufiger in Form von demographischen Analysen. Z.B. widmete F. Prinzing ihr 1904 eine gesonderte Veröffentlichung, die den Titel "Die sterilen Ehen" trug, und A. M. Kiaer (1903) sowie G. von Mayr

(1917) gingen in ihren Abhandlungen über die Geburten- und Bevölkerungsstatistik detaillierter auch auf die kinderlose Ehe ein. Sie haben bereits auf bestimmte statistische Zusammenhänge hingewiesen, z.B. auf die höheren Quoten kinderloser Ehen in den Großstädten.

Ferner wiesen sie nach, daß der Anteil kinderloser Ehen in den sozial höher stehenden Schichten größer ist, indem sie Wohnviertel innerhalb Berlins miteinander verglichen.

G. von Mayr schreibt wörtlich: "... doch kann, insbesondere für Großstädte, eine sorgfältige räumliche Gliederung nach Bezirken, die als Typen besonderer sozialer Bevölkerungsschichten (allerdings nur unter manchem Vorbehalt!) angesehen werden dürfen, einigen Ersatz für direkte Berücksichtigung der sozialschichtlichen Gliederung bieten. So wird beispielsweise für Berlin (Zählung von 1885) der 'wohlhabende' Stadtteil Dorotheenstadt und Friedrichswerder dem 'Arbeiterviertel' Louisenstadt jenseits des Kanals gegenübergestellt und dabei unter Abstufung nach dem Heiratsalter der Frau ... durchgreifend höhere Sterilität in den wohlhabenden Stadtteilen gefunden" (G. von Mayr 1917, S. 83).

Als verursachend für beide Verteilungskurven (Großstadt und soziale Schichtung) werden die "steigenden Wohlstandsverhältnisse" angesehen, aber auch die vermutete regional unterschiedlich verbreitete Tripper-Krankheit (G. von Mayr 1917, S. 84).

Auf alle inzwischen durchgeführten statistischen Untersuchungen kann hier nicht näher eingegangen werden. Erwähnt seien aber die in den letzten Jahren durchgeführten Korrelationsberechnungen. Ihre wichtigsten Befunde werden im folgenden zusammenfassend aufgelistet (vgl ausführlicher hierzu K. Pohl 1975; G.-R. Rückert 1979; K. Schwarz 1983 und 1985). Sie zeigen im übrigen ebenfalls den Zusammenhang zwischen der Höhe des Anteils kinderloser Ehen und speziellen Regionaltypen, sie belegen aber nicht die von Kiaer und Mayr aufgestellte "Wohlstandsthese":

1. Mit zunehmender Bevölkerungsdichte steigt der Anteil kinderloser Ehen.

Tabelle Nr. 1: Prozentsatz der kinderlosen Ehen gegenüber der Ehen mit einer Dauer (in vollendeten Jahren) von

Beobachtungsgebiete	0 - 4 Jahren	5 - 9 Jahren	10 - 14 Jahren	15 - 19 Jahren	20 - 24 Jahren	25 u. mehr Jahren
Berlin	37,2	17,2	14,8	13,2	12,3	11,2
Rio de Janeiro	38,7	17,4	14,7	11,3	11,4	11,0
Alogoas	34,9	9,4	7,0	5,4	6,2	9,0
Kopenhagen	33,0	17,2	15,9	13,5		11,5
Frankreich	36,5	15,8	12,5	11,6	11,3	12,5
Paris	37,7	20,5	17,7	15,9	16,0	16,5
Norwegen	28,5	10,7	9,2	9,1	7,7	6,8
Oldenburg (bei gelösten Ehen)	25,4	15,0	15,0	13,4	14,0	9,2

Quelle: "Statistik und Gesellschaftslehre", Georg von Mayr; 3. Bd. Moralstatistik m. Einschl. der Kriminalstatistik, Tübingen 1917

2. Je mehr für Frauen die Religion eine untergeordnete Rolle spielt, desto höher ist die Wahrscheinlichkeit der Kinderlosigkeit.
3. Je höher das Heiratsalter der Frauen ist, umso größer ist ebenfalls die Wahrscheinlichkeit ihrer Kinderlosigkeit.
4. Nach 10jähriger kinderloser Ehedauer ist die Wahrscheinlichkeit sehr hoch, daß die Ehe für immer kinderlos bleiben wird.
5. Wenn die Frau erwerbstätig ist, ist die Wahrscheinlichkeit ihrer Kinderlosigkeit höher.
6. Je niedriger das monatliche Nettoeinkommen des Mannes ist, umso höher ist der Anteil von kinderlosen Ehen. Doch: Umso niedriger das monatliche Nettoeinkommen des Mannes ist, umso höher ist auch der Anteil der erwerbstätigen Frauen.

Derartige statistische Aussagen sind jedoch - unter soziologischer Perspektive betrachtet - in mehrerlei Hinsicht unbefriedigend. Zunächst bleibt die Frage nach dem Ursachen-Folge-Verhältnis ungeklärt, und multifaktorielle Bedingungen werden ausgeklammert. Ferner wird häufig aus derartigen massenstatistischen Analysen zu schnell geschlossen, daß das gestiegene Heiratsalter, die angenommene Säkularisierung und Urbanisierung sowie die zugenommene Erwerbstätigkeit von Frauen als verursachend für die Zunahme von kinderlosen Ehen zu bewerten seien. Aber derartige Zahlenreihen sind nicht im Sinne von Kausalzusammenhängen zu deuten, sie lassen intervenierende Variablen und gegenseitige Verstärkungen oder sogar Scheinkorrelationen nicht erkennen. Ferner sind aus Aggregatdaten nicht Aussagen ableitbar, die die Individualebene betreffen. Sie können also nichts über die subjektive Bedeutung von Kinderlosigkeit aussagen.

Hierüber sind in der Bundesrepublik bisher noch keine Untersuchungen durchgeführt worden. Lediglich in einigen journalistischen und essayistischen Abhandlungen sind betroffene Frauen - zumeist unverheiratete - zu Wort gekommen (vgl. z.B. D. Schmitz-Köster 1987).

Daß soziologische Untersuchungen über Kinderlosigkeit bei uns fehlen, ist deshalb so erstaunlich, da seit 1964, also seit dem erneuten Geburtenrückgang, eine Fülle von Veröffentlichungen zum generativen Verhalten in der Bundesrepublik erschienen sind (vgl. F.-X. Kaufmann, J. Quitmann u.a. 1984, S. 20 ff.; W. Kiegf und J. Schmid 1985). Alle diese soziologischen Analysen gehen jedoch nur der Fragestellung nach, warum Eltern Kinder haben wollen und warum sie ihre Kinderzahl beschränken, nicht aber, warum sie keine Kinder wünschen bzw. haben. Doch gerade der Anteil kinderloser Ehepaare in Deutschland ist seit Ende des vorigen Jahrhunderts ständig gestiegen, wie die demographischen Analysen zeigen:

Tabelle Nr. 2: Anteil kinderloser Ehepaare an der Gesamtzahl der Ehen

Eheschließungsjahr	von 100 Ehen blieben kinderlos
1899 und früher	8,4
1900	9,7
1903	8,9
1906 (Preußen)	9,6
1909	10,3
1912	12,0
1913	12,3
1946 - 1950	13,0
1951 - 1955	13,0
1958 - 1962	13,0
1963 - 1967	14,0
1968 - 1972	17,0
1973 - 1977	18,0

Quellen: Statistik des deutschen Reiches, 1920, S. 11 ff.; Bundesinstitut für Bevölkerungsforschung, 1984, S. 356

In Modellrechnungen über die mögliche Entwicklung der Kinderzahlen bis zum Jahre 2000 wird der Anteil der kinderlosen Ehen in der Bundesrepublik Deutschland sogar auf 20 % geschätzt. Er würde damit das Zweifache des Anteils der Drei-Kinder-Familien betragen. (Vergl. Tab. 3)

In der Familiensoziologie wurden in Deutschland die kinderlosen Ehen bisher noch nicht einmal wahrgenommen, wie ein Blick auf familiensoziologische Handbücher, Sammelwerke und Einführungstexte zeigt.

Tabelle Nr. 3: Kinderzahlen in der Ehe - in % -

Kinderzahl	Anteil der Ehen
0	20
1	30
2	35
3	10
4 oder mehr	5

Quelle: Deutscher Bundestag, 1985, S. 30

In den USA und Kanada dagegen sind viele empirische Untersuchungen über kinderlose Ehen durchgeführt worden.

1979 hat die Zeitschrift Marriage and Family Review einen Überblicksartikel zu diesem Problembereich veröffentlicht, dem mehr als 200 wissenschaftliche Beiträge über freiwillige Kinderlosigkeit und 40 mit verwandtem Thema zugrunde lagen (J.E. Veevers 1979). 1986 schreibt S.K. Houseknecht in ihrem Handbuchartikel über Kinderlosigkeit: "For a decade now, there has been an accelerating accumulation of research on this topic, especially since 1975" (1987, S. 369).

Dennoch weisen beide Autorinnen auch darauf hin, daß - trotz der gestiegenen Zahl der Veröffentlichungen - die bisherigen Ergebnisse mehr explorativen und deskriptiven Charakter hätten und sie insgesamt noch unbefriedigend seien. J.E. Veevers listet die bestehenden Defizite auf:

- Zu wenig wurde bisher in den vorhandenen Untersuchungen unterschieden zwischen den verschiedenen Gründen von Kinderlosigkeit. "Theoretically and pragmatically, the consequences of a phenomenon must be assumed to be quite different if it involves the achievement of a major life goal, or the frustration of one" (1983, S. 92).
- Die Mehrzahl der Untersuchungen bezogen sich nur auf Frauen. "The next necessary step is to broaden the base of inquiry to include husbands" (1983, S. 93).
- Ein Vergleich der Kinderlosigkeit zwischen verschiedenen sozialen Gruppen fehlt bisher, z.B. zwischen Frauen mit hohem Berufsprestige und Arbeiterinnen, zwischen kinderlosen Hausfrauen und nicht-berufstätigen Müttern u.a.m.

Sie schließt ihren Artikel mit den Worten: "Voluntary childlessness has increased both in prevalence and in visibility, and it is clear, that this trend will continue for the foreseeable future. ... At the present, empirical knowledge of the causes and consequences of ... childlessness remains scanty and inconclusive" (1977, S. 378).

Für die bundesrepublikanische Situation muß zudem angemerkt werden, daß gerade die Ergebnisse über die Gründe freiwilliger Kinderlosigkeit kulturabhängig sein könnten, und daß deswegen eine Übertragbarkeit der Ergebnisse aus dem angloamerikanischen Sprachraum auf unseren Kulturbereich kaum möglich erscheint.

Diese o.a. Forschungsdefizite wurden im übrigen im vorliegenden Forschungsprojekt aufgegriffen (vgl. Kap. II).

II. Ziel und Durchführung der empirischen Erhebung

1. Untersuchungsziel und theoretische Vorüberlegungen

Als Charakteristika von Modernisierungsprozessen werden in der Literatur u. a. die größere Zahl von Optionen und die zunehmende Rationalisierung genannt. Auch für die Bundesrepublik Deutschland wird als ein Kennzeichen ihrer Modernität die Möglichkeit, zwischen verschiedenen Daseinsformen wählen zu können, also eine Pluralität von Lebensstilen, konstatiert. Die moderne Kernfamilie sei nur noch eine Lebensform neben anderen in unserer Zeit, und selbst diese Form lasse immer stärker individuelle Ausgestaltungsmöglichkeiten zu. So sei auch die bewußt gewollte kinderlose Ehe eine neuartige Erscheinung im Zuge dieses Modernisierungsprozesses. Sie sei das Resultat der Zunahme von rationalen Entscheidungsmöglichkeiten in allen – auch den privaten – Lebensbereichen. Die Prüfung dieser Annahme, nämlich ob die heutige kinderlose Ehe eine neue Lebensform im Zuge des allgemeinen Modernisierungsprozesses ist, stellt das Leitthema der vorliegenden Erhebung dar.

Wie in Kapitel I.2 gezeigt wurde, hat die Zahl kinderloser Ehen im Laufe dieses Jahrhunderts de facto kontinuierlich zugenommen. Ob die Kinderlosigkeit aber heute in stärkerem Maße als in der Vergangenheit auf einer rationalen Entscheidung und damit auf einem freien Entschluß beruht, wie es das Modernisierungskonzept vorsieht, ist bisher nicht empirisch belegt. Weder kennen wir die Entscheidungsgründe für eine kinderlose Ehe, noch wissen wir, ob überhaupt die Ehepaare vor einer rationalen Wahl standen. Denn auch die medizinisch bedingte – und das heißt, die der Entscheidung enthobene – Kinderlosigkeit könnte gestiegen sein.

Ferner bedeutet eine statistische Zunahme nicht zugleich eine normative Veränderung. So wurde in Kapitel I.1 gezeigt, wie stark man kinderlose Ehepaare – vor allem die Frauen – in früheren Zeiten diskriminierte und mit Vorurteilen belegte. Kinderlosigkeit wurde als abweichendes Verhalten interpretiert. Es blieb bisher jedoch unbewiesen, ob auf normativer Ebene bis heute überhaupt Veränderungen erfolgten. Der Modernisierungsprozeß mit dem Charakteristikum der Optionssteigerung setzt jedoch zumindest voraus, daß die verschiedenen Lebensformen eine gewisse gleiche öffentliche Anerkennung besitzen und keine einseitige Diskriminierung erfahren. Erst dann ist de facto eine Auswahl möglich; denn eine – öffentlich bekundete – freie Wahlmöglichkeit kann außer Kraft gesetzt werden durch die Idealisierung nur der einen Lebensform und/oder der Diskriminierung und Herabsetzung der anderen.

Im folgenden soll deshalb nicht nur geprüft werden, ob die quantitative Zunahme kinderloser Ehen als ein Indikator des zunehmenden Modernisierungsprozesses gelten kann, sondern auch, ob Diskrepanzen zwischen der Ideologie und dem faktischen Verhalten in unserer Gesellschaft und damit zwischen ihrem Anspruch, nämlich eine Vielzahl von Optionen in bezug auf Lebensstile zu garantieren, und ihrer Realität gegeben sind.

Insgesamt umfaßt deshalb die folgende Datenanalyse drei Problembereiche:

1. Die Gründe der Kinderlosigkeit.

Es soll geprüft werden, ob diese den Kriterien rationaler Entscheidungsprozesse entsprechen, und ob zeitgeschichtliche Veränderungen gegeben sind. Zu diesem Zweck soll aus der Sicht der Betroffenen, der Entscheidungsträger, eine entscheidungstheoretische Analyse durchführt werden.

2. Den Lebensstil kinderloser Ehepartner.

Zur Prüfung des Pluralitätskonzepts ist es notwendig, der Frage nachzugehen, ob es sich de facto um unterschiedliche gesellschaftliche Systeme handelt oder ob die kinderlose Ehe nur eine "verhinderte" Familie ist. Es muß also untersucht werden, ob zwischen diesen beiden Lebensformen auf mehreren Ebenen Unterschiede festzustellen sind, z.B. hinsichtlich ihrer materiellen Rahmenbedingungen, ihrer Umweltoffenheit, ihrer Systemorganisation u.a.m. Zur Prüfung dieses Aspektes des Pluralitätskonzeptes wird eine systemtheoretische Perspektive gewählt.

3. Die Diskriminierungserfahrungen kinderloser Ehepaare.

Sollte ein hoher Grad an empfundener negativer Diskriminierung feststellbar sein, müßte - wie dargelegt - die kinderlose Ehe als neue Lebensform im Zuge des Modernisierungsprozesses verneint werden. Es ist deshalb zu prüfen, ob durch einen Einstellungs- und Verhaltenswandel gegenüber kinderlosen Ehepaaren die Wahlfreiheit zugenommen hat oder nicht behindert wird. Ferner soll der Frage nachgegangen werden, ob die Diskriminierungserfahrungen und die Reaktionen hierauf seitens der Betroffenen abhängig sind von der Ursache ihrer Kinderlosigkeit.

2. Zum Begriff "kinderlose Ehe"

Die Antwort auf die Frage, welche Ehe man als kinderlos bezeichnet, scheint auf den ersten Blick hin sehr einfach zu sein. Vermutlich fehlt deshalb auch in den bekannten Nachschlagewerken, wie im Brockhaus, Duden usw. eine Erklärung dieses Begriffes. Das Wort "Kinderlosigkeit" wird hier überhaupt nicht aufgeführt.

Bei der Planung der empirischen Erhebung und bei der Auswahl der zu Befragenden stießen wir jedoch auf Abgrenzungsschwierigkeiten und auf unterschiedliche Alltagsbegriffe, die uns erst die Problematik der Worte "kinderlose Ehe" verdeutlichten: So bezeichneten sich z.B. Ehepaare selbst als kinderlos, weil ihre Kinder das Elternhaus verlassen hatten. Paßte ferner in unser Sample eine noch kinderlose, aber zum Zeitpunkt der Befragung schwangere Frau? Gilt eine Ehe als kinderlos, wenn die Ehepartner zusammen keine Kinder haben, wohl mit anderen, früheren Partnern, sie aber mit den Kindern nicht im gleichen Haushalt leben? Setzt also die kinderlose Ehe keine Kinderlosigkeit der Partner voraus?

Durch diese Fragen angeregt, suchten wir in der Literatur nach Rat und mußten feststellen, daß sogar in diesbezüglichen soziologischen und psychologischen Abhandlungen weder der Begriff "kinderlose Ehe", noch Kinderlosigkeit definiert wird und höchstens bestimmte Arten von Kinderlosigkeit unterschieden oder in bezug auf die freiwillig gewählte Kinderlosigkeit operationale Definitionen diskutiert werden (vgl. z.B. J.E. Veevers 1980, S.K. Houseknecht 1987).

In der medizinischen Literatur dagegen wurde schon seit altersher - wenn auch unterschiedlich - bestimmt, wann und warum eine Ehe als kinderlos zu bewerten sei, nämlich: "Wenn ein junges Ehepaar, das keine Verhütungsmittel anwendet, innerhalb von 2 Jahren keine Schwangerschaft erzielt, so muß mit Fertilitätsstörungen gerechnet werden, falls keine Hinweise bestehen, daß die 'fruchtbare Periode' öfter nicht ausgenutzt werden konnte" (H.D. Taubert 1972, S. 3). Die älteren Autoren setzen eine Spanne von mindestens 3 Jahren (z.B. H. Kisch 1886, S. 2). Kinderlosigkeit bei Verheirateten wird hier allgemein allein als pathologischer Zustand beschrieben und gleichgesetzt mit den Begriffen Sterilität und Infertilität. Man unterschied schon früh ferner zwischen congenitaler (auch: absolute Sterilität oder primäre Kinderlosigkeit genannt) und acquisiter (= relative oder sekundäre Kinderlosigkeit) Sterilität. Letztere liegt dann vor, wenn nach einer Schwangerschaft keine erneute erfolgt. Schon H. Kisch erwähnt in diesem Zusammenhang bereits 1886 die nicht so seltene Art der besonderen "Ein-Kind-Sterilität" (1886, S. 4). P. Bernhard wendet sich gegen die Begriffe "sterile" und "infertile" Ehe, mit dem Argument: "Das Wort 'Sterilität' stammt aus dem Lateinischen und bedeutet unfruchtbar; .... 'Infertilität' kommt vom Lateinischen infertilis (von fero, ich trage) und bedeutet = nicht zum Tragen fähig. Der Begriff 'Unfruchtbarkeit' heißt 'ohne Frucht sein'. So bedeutet also eine Sterilität und eine Infertilität einen körpereigenen Zustand, wobei der Begriff Infertilität natürlich nur der Frau zukommen kann. Eine Unfruchtbarkeit, ein 'ohne Frucht sein', ist die Folge einer Sterilität oder Infertilität. Es kann also einen sterilen Mann und eine sterile Frau geben, nicht aber einen infertilen oder unfruchtbaren Mann. Ebenso ist die Bezeichnung 'weibliche Sterilität' oder 'männliche Sterilität' sprachlich und gedanklich unmöglich. Man kann auch keine Ehe als steril oder infertil bezeichnen, sondern nur als unfruchtbar oder kinderlos" (1947, S. 4). Dennoch sind diese Bezeichnungen bis heute in der medizinischen Literatur üblich (vgl. M. Stauber 1979).

Diese sehr stark auf biologischen Kriterien beruhende medizinische Definition stimmt in etwa auch mit der der Statistiker überein: Für sie ist der Tatbestand einer kinderlosen Ehe dann gegeben, wenn aus der bestehenden Ehe keine Kinder hervorgegangen sind, aus welchen Gründen auch immer. Demnach brauchen die Partner selbst nicht kinderlos zu sein. Ferner könnte sogar ihre Haushaltsgemeinschaft die leiblichen Kinder eines oder beider Partner umfassen, so daß sie von der Öffentlichkeit, d.h. den Nachbarn, Freunden, Verwandten, nicht als kinderloses Ehepaar, sondern als Familie wahrgenommen bzw. bewertet werden können.

Für unsere Fragestellung ist eine derartige Definition unbrauchbar, da sie zu weit gefaßt ist. Die "ergänzten" kinderlosen Ehen, die nicht dem Konzept eines neuen Lebensstils von vornherein entsprechen können (vgl. Kap. II.1), müssen für unsere Zwecke eliminiert werden. Deshalb wählten wir folgende Definition: Eine kinderlose Ehe ist dann gegeben, wenn die miteinander verheirateten Partner zusammen keine Kinder haben und sie auch nicht mit Kindern in einer Haushaltsgemeinschaft leben. Nicht von Belang ist eine biologische Elternschaft. Eine soziale darf nur insofern gegeben sein, solange diese sich lediglich auf gelegentliche Interaktionsbeziehungen mit dem Kind erstreckt. Das Kriterium der juristischen Eheschließung wurde im übrigen in die Definition bewußt mit aufgenommen, da die nicht-ehelichen Lebensgemeinschaften und die juristisch geschlossenen Ehen zwei unterschiedliche Systemtypen und - entgegen oft aufgestellter Behauptungen - keine konkurrierenden Daseinsformen sind. Das Zusammenleben, ohne verheiratet zu sein, stellt eher eine neue Phase im Prozeß der Partnerwahl dar (vgl. hierzu ausführlicher R. Nave-Herz 1988, S. 65 ff.). Im folgenden sollten aber gerade Ehen mit Kindern und Ehen ohne Kinder verglichen werden, z.B. im Hinblick auf den Lebensstil.

Unsere Definition basiert auf einer sehr statischen, punktuellen Betrachtungsweise, was aus pragmatischen Gründen - nämlich im Hinblick auf die empirische Erhebung - sinnvoll erscheint. Der dynamische prozessuale Aspekt von Kinderlosigkeit wird etwas stärker sichtbar bei der Unterteilung der kinderlosen Ehen in verschiedene "Typen", je nach den verursachenden Bedingungen ihrer zur Zeit bestehenden Kinderlosigkeit. Hierbei lassen sich insgesamt fünf verschiedene "Typen" von kinderlosen Ehen beschreiben:

In Kap. I.1 wurde bereits dargestellt, daß zwischen der medizinisch bedingten und der freiwillig gewählten kinderlosen Ehe zu unterscheiden ist. Die medizinisch bedingte kann weiterhin (1.) organischer oder (2.) psychosomatischer Art sein. Die freiwillige kann (3.) lebenslang oder (4.) auf Zeit, also befristet, geplant werden. Daneben gibt es jene (5.) ungeplante und vorübergehende Kinderlosigkeit, die die Betreffenden als "Wartezeit" oder als möglichst kurze "Übergangszeit" zum Elternstatus begreifen und die häufig mit einem aktuellen Kinderwunsch verbunden ist.

Auf den möglichen Wechsel zwischen diesen aufgezeigten verschiedenen "Typen" im Verlauf einer Ehebiographie wird ausführlicher in Kap. III.1 eingegangen.

3. Die methodische Durchführung der Untersuchung

3.1 Zur Auswahl der Erhebungsmethode

Die empirische Erhebung umfaßte zwei Stufen: in der ersten Phase haben wir offene narrative Interviews durchgeführt. Die Befragten wurden gebeten, uns den Verlauf ihrer Ehebiographie zu erzählen (vgl. den Gesprächsleitfaden im Anhang). In der zweiten Phase wurden halbstandardisierte mündliche Interviews durchgeführt.

Die Vor- und Nachteile beider Verfahren sind in der Literatur sehr intensiv behandelt worden, so daß es im Rahmen dieser Untersuchung nicht notwendig erscheint, nochmals auf diese Diskussion einzugehen. Wir wählten zunächst die qualitative Erhebungsmethode, da es zu unserem Untersuchungsziel keine empirischen Untersuchungen über die Bundesrepublik gibt und bei vorstrukturierten Vorgehensweisen die Gefahr besteht, daß u. U. nur die vom Forscher vorher vermuteten Faktoren geprüft und damit die für die Betroffenen, für die Ehepartner selbst, wichtigsten evtl. gar nicht erfaßt werden. Das offene narrative Interview eignet sich ferner am besten, der Differenziertheit sozialer Wirklichkeit gerecht zu werden und den Tatbestand "Kinderlosigkeit" als prozessualen Entscheidungsvorgang evident zu machen.

Da das Forschungsprojekt neben anderen Fragestellungen auch den sozialen Wandel in der Bedeutung von Kinderlosigkeit und in der sozialen Lage von kinderlosen Ehepaaren erfassen sollte, hatten wir insgesamt zwei verschiedene Formen familialen Wandels zu betrachten: den innerfamilialen und den zeitgeschichtlichen. Diese doppelte Anforderung ließ sich unseres Erachtens am ehesten durch eine Retrospektivbefragung verschiedener Eheschließungskohorten einlösen, wodurch ein Vergleich gleicher Familienzyklen in unterschiedlichen Zeitepochen ermöglicht wurde.

Gegen Retrospektivbefragungen werden eine Reihe von Bedenken in der Forschung erhoben, vornehmlich im Hinblick auf mögliche Erhebungsfehler: Verzerrungen durch Verklärung der Vergangenheit, durch inzwischen abgelaufene Erfahrungsprozesse, durch die augenblickliche soziale Lage und lebenszyklische Situation des Interviewten, durch Erinnerungslücken (vgl. hierzu ausführlicher M. Osterland 1983). Ferner ist die Art der Darstellung von zurückliegenden Handlungen häufig abhängig von den "offiziellen" Bewertungsmustern der Gegenwart. Diese lassen jedoch Kinderlosigkeit heute nicht mehr als derartigen Makel erscheinen wie es in früheren Jahrzehnten der Fall war. Wir haben ferner versucht, einige der aufgezeigten Erhebungsfehler dadurch zu reduzieren, daß wir in der qualitativen Phase kinderlose Interviewerinnen eingesetzt haben, da - wie J.E. Veevers aufgrund ihrer

Untersuchung betont (1977, S. 367 ff.) - Kinderlose anderen Kinderlosen gegenüber große Offenheit zeigen. Weiterhin hofften wir, durch die langsame narrative Rekonstruktion der Biographie - durch den immanenten Fortsetzungszwang der Erzählung - die nachträgliche Rationalisierung oder gar Veränderung durch die jetzige Situation zu vermeiden, zumindest jedoch nachträglich diese Passagen erkennen zu können.

Hinzu kommt, daß es in dieser Erhebung weniger um die objektive Erfassung von "Wirklichkeit" als um die Geschichtlichkeit der subjektiven Situation der Verarbeitung von Erfahrung geht; kurz gesagt: um eine "Wirklichkeitsinterpretation" (vgl. hierzu A. Lehmann 1983; P. Berger und Th. Luckmann 1969; J. Szczepanski 1974; W. Deppe 1982).

Als Auswertungsmethode für die qualitativen narrativen Interviews wählten wir die der materiellen Analyse von Deutungsmustern (vgl. S. Kade 1983).

3.2 Beschreibung der Stichprobe

Es wurden in der ersten Phase 30 kinderlose Ehepaare befragt, jeweils 10, die 1950, 1970 und 1980 geheiratet hatten. In der zweiten Phase wurden 164 halbstandardisierte mündliche Interviews durchgeführt und zwar mit 104 Frauen und 60 Männern. Zur Kontrolle dienten uns weitere 209 halbstandardisierte Interviews mit verheirateten Ehepartnern mit mindestens einem Kind[1].

Leider mußte der Eheschließungsjahrgang von 1950 in der zweiten Phase unberücksichtigt bleiben, da eine entsprechende Zahl an Interviewpartnern nicht gefunden werden konnte. Das ist letztlich verständlich, wenn man bedenkt, daß die Zahl der kinderlosen Ehepaare 1950 geringer war als heute und viele dieser Ehen zudem bereits geschieden sind, da die Scheidungsquote kinderloser Ehen in der Bundesrepublik Deutschland sehr hoch ist (C. Höhn und J. Otto 1984).

Die Befragung fand im Sommer 1986 statt. Während der Befragung waren zumeist die Ehepartner zugegen; aber die Fragen wurden nur an einen Partner gestellt.

Differenziert man nach der sozialen Schichtung, war eine ungefähr gleiche Verteilung in den Samples beider Erhebungen und zwischen den Ehepartnern gegeben: 30 % der Verheirateten mit Kindern und 24 % der Kinderlosen sind in gehobenen Angestellten- bzw. Beamtenpositionen tätig oder selbständige Akademiker, 70 % bzw. 76 % sind in mittleren bzw. unteren Berufspositionen beschäftigt. Unterschiedliche Eheschließungsjahrgänge sind deswegen ausgewählt worden, um u. U. sozialen Wandel in der Einstellung zur Kinderlosigkeit zu erfassen, vor allem aber um ehebiographisch unterschiedliche Phasen miteinander vergleichen zu können; denn anzunehmen ist, daß die Einstellung zur Kinderlosigkeit und der Kinderwunsch mit der Länge der Ehezeit variieren.

III. Darstellung der Ergebnisse

1. Gründe der Kinderlosigkeit

Wie im Einleitungskapitel dargelegt, wollten wir prüfen, welche Gründe für die gestiegene Zahl von kinderlosen Ehepaaren heute zutreffen.

Die öffentlichen Vermutungen sind antagonistisch: Noch vor zwanzig Jahren - so wird vielfach behauptet - soll die Form der ungeplanten Kinderlosigkeit in der Ehe am verbreitesten gewesen sein; während heute als Folge des Modernisierungsprozesses (vgl. S. 20 ff.) die bewußt geplante kinderlose Ehe an erster Stelle stünde. Andere Autoren bezweifeln die zugenommene Wahlmöglichkeit und das bewußte Planungsverhalten der Ehepartner. Sie betonen, daß heute für viele Ehepaare aus medizinischen Gründen faktisch - ebenso wie in der Vergangenheit - keine Entscheidungsmöglichkeit zwischen Kindern und Kinderlosigkeit gegeben sei.

Unsere Daten belegen keine der beiden Thesen eindeutig; denn - wenn auch die medizinisch bedingte Kinderlosigkeit den höchsten Anteil ausweist - so ist der Unterschied zu der Quote der Ehepaare, die die Kinderlosigkeit bewußt wählen, nicht sehr groß. Tabelle Nr. 4 zeigt, daß insgesamt eine relativ gleichmäßige Verteilung der verschiedenen Gründe für die jetzige Kinderlosigkeit in der Ehe gegeben ist und beweist damit gleichzeitig die bestehende Heterogenität von Gründen, die eine kinderlose Ehe heute bedingen.

Tabelle Nr. 4: Gründe der Kinderlosigkeit - in % -

Medizinisch bedingte Kinderlosigkeit	36,8
Bewußt gewählte Kinderlosigkeit	31,9
Bisher nicht erfüllte Kinderwünsche	28,2
Keine Angaben	3,1
	100,0 (164)

Um weiterhin zu prüfen, ob die quantitative Verteilung der verschiedenen Typen von kinderlosen Ehen sich zeitgeschichtlich verändert hat, haben wir nach den Gründen der Kinderlosigkeit jeweils nach der Eheschließung gefragt und die Angaben beider Eheschließungskohorten (1970 und 1980) miteinander verglichen.

Tabelle Nr. 5: Gründe der Kinderlosigkeit zu Beginn der Ehe - in % -

	1970	1980
Medizinisch bedingte Kinderlosigkeit	13,3	2,1
Bewußt gewählte Kinderlosigkeit	61,2	58,8
Noch nicht erfüllter Kinderwunsch	22,5	37,0
Keine Angaben	3,0	2,1
	100,0 (67)	100,0 (97)

Diese Tabelle widerspricht zunächst allen Vermutungen: denn sie weist einen sehr geringen Anteil der medizinisch bedingten Kinderlosigkeit überhaupt am Anfang der Ehe aus und diese nimmt zudem im Zeitablauf - also zwischen 1970 und 1980 - noch ab. Wenn ferner die bewußt geplante Kinderlosigkeit zwar die verbreiteste Form nach der Eheschließung zu sein scheint, so ist dennoch zeitgeschichtlich kein Anstieg gegeben, sondern eher ein gewisser Abwärtstrend. Zugenommen hat dagegen die vorübergehende kinderlose Ehe, d.h. also die Zahl der Paare, die nach der Heirat grundsätzlich Kinder wollten. Dieser Tatbestand wird jedoch vermutlich eher auf ehebiographische

Wandel zurückzuführen sein. Deshalb soll im folgenden - getrennt nach den Gründen - diesen Zahlenergebnissen detaillierter nachgegangen werden. Hierbei wird sich herausstellen, daß andere gesellschaftliche und familiale Veränderungsprozesse und der ehebiographische Verlauf von Kinderlosigkeit in die Analyse miteinzubeziehen sind und daß ferner kinderlose Ehen von einem allgemeinen sozialen Wandel stärker beeinflußt worden zu sein scheinen, als Zeitpunkterhebungen dies erkennen lassen.

1.1 Zunahme der organisch und psychosomatisch bedingten Kinderlosigkeit?

In der medizinischen Literatur wird der Anstieg der unfreiwilligen Kinderlosigkeit behauptet und hierfür als wichtigste Ursache die Zunahme der entzündlichen Erkrankungen des Beckens, verursacht durch ansteckende Krankheiten, durch die verstärkte Verwendung von Intrauterin-Pessaren, durch die Anwendung medizinisch-technischer Verfahren u.a.m. genannt. Ferner werden als mitwirkende Faktoren - vor allem auch in Zeitungsmeldungen - der Anstieg von Schadstoffen in der Umwelt, psychischer Streß sowie Drogen-, Nikotin- und Alkoholmißbrauch, bestimmte Diäten, sogar allzuhäufige Saunabesuche angegeben, ohne jedoch für diese genannten verursachenden Bedingungen immer einen wissenschaftlichen Beweis liefern zu können (vgl. J. R. Wilkie 1984, S. 37 ff.; C. Schirken und G. Gey 1969, S. 175 ff.; H.E. Stegner 1969; E. Schindele, 10.3.1986, S. 7 ff.; Bayropharm o.J., S. 6; zur Kritik vgl. J. Münken o.J [2])).

Nach den Ursachen organisch bedingter Kinderlosigkeit haben wir in den Interviews nicht gefragt, da diese Angaben uns für unsere soziologische Fragestellung nach der Pluralität von Lebensformen nicht sinnvoll erschienen.

Nach M. Stauber beruht die unfreiwillige Kinderlosigkeit zunehmend auf psychosomatisch bedingten Ursachen. Ähnlich argumentieren R. Kaiser (1977, S. 123 ff.) und W. Minkel (1984, S. 193-207), wenn auch stärker psychoanalytisch. Einig ist man sich in der Meinung, daß der Anteil psychosomatischer Kinderlosigkeit höher sei als allgemein von

Ärzten angenommen wird. M. Stauber hat über 2.000 Akten von "Kinderwunschpaaren", die die Sprechstunden für kinderlose Ehepaare an der Frauen- und Poliklinik Berlin-Charlottenburg aufgesucht haben, retrospektiv ausgewertet. Bei 28,3 % der dort behandelten Paare lag keine somatische Ursache vor, sondern eine funktionelle Sterilität, die übrigens zuweilen schon nach kurzer Gesprächstherapie überwunden wurde. M. Stauber führt den schnellen Behandlungserfolg auf ein Nachlassen der psychischen Spannung, wie sie bei starkem Kinderwunsch oft seitens eines oder beider Partner gegeben ist – und die durch die allgemeine ärztliche Behandlung zuweilen noch forciert wird – und auf eine Entkrampfung der ehelichen Beziehung durch die psychosomatische Behandlung zurück (vgl. M. Stauber 1979, S. 150 und 181; vgl. auch O. Goldschmidt und C. de Boor 1976, S. 899 ff.). N. Pfeffer und A. Woollett beschreiben diesen Sachverhalt plastisch: "The major problem of going through infertility is making love to order. It takes all the spontaneity out of it. I went through a stage of only wanting him in the fertile time; it seemed pointless on other days" (1983).

Explizit wird dieses Thema in einem qualitativen Interview angesprochen, und zwar von einem Ehepaar, daß nunmehr sein erstes Kind erwartet:

Frau: *"..ich bin, ja nun...in Behandlung gewesen... man kriegt nun schön seine Hormontabletten und seine Hormonspritzen und man hält sich auch an diese ganzen Sachen, aber... mmh.. die Hormonausschüttung, die ist ja bedingt durch...seelische Gründe, und... ich hab' jetzt überhaupt nichts genommen seit 2 1/2 Jahren, und die Bedingungen oder meine Einstellung...hat sich verändert und auf einmal hat's eben geklappt...Ja,.. die Ärzte wissen das schon, aber die gehen irgendwie zu technisch daran, nich, zu sehr von..von Einzelheiten, so wie man 'n Auto repariert, das ist nichts..." (22)*

Und weiter heißt es an anderer Stelle in diesem Interview:

Frau: *"Mein Mann wußte, daß ich in Behandlung...bin; er hat mich unterstützt."*

Mann: "Ja, ich hab' mich auch untersuchen lassen... 'wußt ja nicht, woran es lag und naja... nun hat es eben doch geklappt, nachdem wir... gesagt haben, nun ist es auch egal..., man (ist) langsam zu alt...(wir) gehen ja beide so langsam auf die vierzig ran... und da haben wir... gemeint, daß es eben sinnvoller ist... den Kinderwunsch nicht mehr zu forcieren. Ja, vielleicht war das ja auch ein Grund mit, daß man irgendwie entspannter...und gelassener ist..." (71474820/27)

Die psychologische Behandlung dürfte damit einen ähnlichen Mechanismus auslösen, wie er durch den Adoptionsentschluß zuweilen hervorgerufen wird, der ebenso – unbewußt – zur lang ersehnten Schwangerschaft führen kann (M. Stauber 1979, S. 150).

Wenn also in der medizinischen Literatur ein Anstieg von unfreiwillig kinderlos bleibenden Ehen konstatiert wird, in unseren Daten dagegen heute weniger Ehepaare angeben, daß bei ihnen bereits nach der Eheschließung eine medizinisch oder psychosomatisch bedingte Kinderlosigkeit vorlag, so kann dieser Widerspruch zunächst auf die unterschiedliche Methode der Datengewinnung zurückzuführen sein. So wird in allen mir bekannten medizinischen Veröffentlichungen die statistische Zunahme belegt durch eine Auswertung der Patientenkarteien von Kliniken oder Praxen. Die so erstellten Tabellen sagen aber nichts über den allgemeinen Verbreitungsgrad von unfreiwilliger Kinderlosigkeit aus – vor allem nicht unter zeitvergleichender Perspektive –, sondern sie zeigen höchstens, daß heutzutage in zunehmendem Maße bei unerfüllten Kinderwünschen eher diese Beratungszentren aufgesucht werden, man sich also nicht mehr so schnell wie früher mit dieser Tatsache abfindet.

Sehr deutlich ist dieser zeitgeschichtliche Wandel in der Einstellung zur eigenen medizinisch bedingten Kinderlosigkeit aus den narrativen Interviews ablesbar. So definierten in unserer qualitativen Erhebung die älteren Ehepaare, nämlich die, die 1950 geheiratet hatten, häufiger ihre unfreiwillige Kinderlosigkeit im Sinne von Schicksal und erklärten diesen Tatbestand mit einfachen Redewendungen wie "Das hat sich eben so ergeben" oder "Das lag in der Natur, nicht". Die kinderlosen Ehepaare von 1970 dagegen gaben sich weniger fatalistisch: Einige von ihnen hatten sogar bereits die verschiedensten medizinischen Behandlungen und Belastungen ohne Erfolg ertragen, so daß man bei ihren Schilderungen de facto mit E. Schindele (1986) von einer "Messiaserwartung an's Kind" oder von fixierten Kinderwünschen sprechen könnte.

Ein derartiger Einstellungswandel läßt selbstverständlich dann auch die Anzahl von Ratsuchenden in den Kliniken und Beratungsstellen steigen, zumal häufig eine einzelne Patientin die verschiedensten medizinischen Zentren aufsucht, in der Hoffnung, wenigstens in einem von ihnen Hilfe zu finden. Die neuen Behandlungsmöglichkeiten - wenn sie auch nicht immer zum Erfolg führen - haben aber die Möglichkeit der Hoffnung auf Veränderung geschaffen. Das gilt sowohl für die medizinisch als auch für die psychosomatisch bedingte Kinderlosigkeit.

Doch auch unsere Datenerhebung ist auf ihren Aussagewert hin kritisch zu befragen. Wir haben - wie bereits erwähnt - nach den Gründen der Kinderlosigkeit bei Ehebeginn gefragt, um so zwischen den Eheschließungskohorten gleiche Zeitpunkte miteinander vergleichen zu können und Veränderungen aufgrund der unterschiedlichen Länge der Ehebiographien auszuschließen. Wenn aber nun 1970 mehr Befragte angeben, daß sie nach der Heirat kinderlos blieben wegen medizinischer oder psychosomatischer Gründe als die von 1980, so kann das auch darauf zurückzuführen sein, daß Anfang 1970 Antikonzeptiva noch nicht derart üblich waren und deshalb eine höhere Zahl der Befragten von 1970 lediglich bereits wußte, daß eine pathogene Kinderlosigkeit bei ihnen gegeben war, dagegen die, die 1980 geheiratet haben, ihre medizinisch bedingte Kinderlosigkeit noch nicht kannten. Die pharmakologische Forschung hat nämlich die Planbarkeit der Realisierung von Kinderwünschen zwar verstärkt, aber um den Preis, daß die Kalkulation von Axiomen ausgeht, die in der sozialen Realität nicht immer gegeben sind. Das heißt konkret: Durch Antikonzeptiva kann die bewußt gewollte Kinderlosigkeit eingelöst, aber gleichzeitig eine vorhandene organ-pathologische Kinderlosigkeit den Betroffenen nicht offensichtlich werden. Ferner kann der Planungsprozeß durch Ereignisse "durchkreuzt" werden, wodurch die zunächst befristete Kinderlosigkeit später zu einer lebenslangen wird.

Dieser Sachverhalt wurde uns wiederum durch die narrativen Interviews offenbar. So stellten einige Ehepaare erst bei Änderung ihrer bis dahin ablehnenden Haltung gegenüber Kindern fest, daß schon immer eine organisch bedingte – also ihrer Entscheidung überhaupt enthobene – Kinderlosigkeit vorlag.

Beispiele:

Frau: *"Ja,... das muß ich sagen, wir haben's am Anfang der Ehe auch immer vor uns hergeschoben, weil wir gesagt haben, mein Gott, wir haben noch Zeit, wir brauchen ja nicht sofort und... die Pille hab' ich natürlich auch genommen, und wie ich dann die Pille abgesetzt hab',... da klappte überhaupt nichts. Da sind wir erst mal stutzig geworden. Bis sich herausstellte, ich hätte die Pille überhaupt nicht zu nehmen brauchen, weil es sowieso nie geklappt hätte. Und da muß ich sagen,.. äh... wie sich das so im Krankenhaus herausgestellt hatte, und daß der Arzt mir so knallhart gesagt hatte, also... da läuft nichts mehr, da hab' ich schon schwer geschluckt." (70454622/6)*

Frau: *"Naja, man kann sagen, etwa 5 Jahre lang habe ich die Pille genommen, 5, 6 Jahre und da war (ich) 27/28 Jahre und da war ich... mit der Ausbildung am Abschluß und hab' dann erstmal aufgehört... es war eben jetzt der Zeitpunkt da, daß man an's Kinderkriegen denken mußte, 'hab ich also keine Pille mehr genommen, und bin dann im Jahr später in ärztliche Behandlung gegangen." (an anderer Stelle ergänzt sie:) "ich bin nun 6 bis 7 Jahre in Behandlung..." (71474820/1)*

Mehrere Paare, die 1970 geheiratet hatten, berichteten ferner, daß sie zunächst die Erfüllung ihres Kinderwunsches hinausgeschoben hätten, daß dann aber durch zwischenzeitliche Veränderungen (Unfall, Krankheit, u.a.m.), die freiwillige Kinderlosigkeit zu einer unfreiwilligen geworden war.

Beispiel:

Mann: "Und jetzt sind wir aber soweit ... jetzt kam da aber natürlich der Unfall dazwischen". (7958572/20)

Bei anderen wiederum hatte das Hinauszögern der Realisierung des Kinderwunsches durch Antikonzeptiva letztlich zur Folge – wie M. Fabe und N. Wikler (1979) es formulierten: "That their time on the clock run out".

Beispiele:

Mann: "und dann ... verliert man auch den Zeitpunkt aufzuhören, wollen mal sagen, jetzt wollen wir 'n Kind. Und dann ... kommt da immer was andres zwischen und wenn ... wie ... das den meisten passiert, ich meine ..., die heiraten müssen ... die ham dann gleich 'ne Aufgabe, da müssen sie sich 'drum kümmern, die kommen da gar nicht drum rum ... bei uns ... äh ... wird das von einem Jahr zum anderen verschoben, und die Jahre laufen auch so schnell dahin, dann ... eh man sich's versieht, ist man zu alt" (78553915/6).

Das Konzeptionsoptimum liegt bei der Frau vor dem 25. Lebensjahr und geht mit steigendem Lebensalter rapide zurück. Nach der Kurve von Münzer und Loer (zit. bei M. Stauber 1979, S. 12) liegt die Konzeptionschance bei Frauen im 35. Lebensjahr nur noch bei 11 %. Auch die Zeugungsfähigkeit des Mannes ist vom Lebensalter abhängig (Bayropharm o.J., S. 6). M. Fabe und N. Wikler schreiben: "Men, too, have a reproductive time clock, though it ticks more slowly than a woman's. They are exposed to the same potentially damaging environmental influences, and men over fifty produce fewer the same reproductive potential as a man in his twenties. If the reproductive system of both partners has become substantially less efficient with age, fertility problems are compounded" (M. Fabe und N. Wikler, S. 281).

Es ist also immer der prozeßhafte Verlauf zwischen verschiedenen Gründen von Kinderlosigkeit mitzubedenken. Wenn es also unter den Paaren, die

1980 geheiratet haben, in stärkerem Maße als unter denen, die 1970 geheiratet haben, solche gibt, die ihren Kinderwunsch nach Ehebeginn zunächst verschieben, könnte u. U. daraus letztlich ein erhöhter Anteil an kinderlosen Ehepaaren zwar nicht zu Beginn, aber im Laufe ihrer Ehe im Vergleich zu früheren Jahrzehnten prognostiziert werden. Im folgenden Kapitel soll dieser Frage weiter nachgegangen werden.

1.2 Zunahme der bewußt geplanten kinderlosen Ehen?

"Wie geht das zusammen?" - fragt M. S. Rerrich -, "Auf der einen Seite werden die Wartelisten der Adoptionsvermittlungsstellen immer länger, zahlreiche kinderlose Paare setzen ihre letzte Hoffnung in die Kunst der modernen Apparatemedizin und dokumentieren, daß Kinder sehr wohl gewünscht werden. Auf der anderen Seite ... (sinkt) die Bereitschaft zum Kind" (1985, S. 5). M. Wingen hat in seinem Artikel "Auf dem Weg in die kinderlose Gesellschaft?" in 10 Punkten kurz und doch sehr differenziert die Argumente zusammengefaßt, die in der Diskussion über die Ursachen des Geburtenrückganges in der Bundesrepublik immer wieder genannt und mit denen die sinkende "Bereitschaft zum Kind" erklärt werden:

"(1) Wandlungen in den wert- und sinnbesetzten Lebensentwürfen des einzelnen sowie ein verändertes Selbstverständnis und Rollenbild der Frau, beides mit der Folge, daß 'Kinder-Haben' in einem breiter gewordenen Ansatz konkurrierender Sinngehalte des Lebens und alternativer Lebensentwürfe relativ an Bedeutung einbüßt. Auch die Auffassung, daß Kinder zu den 'großen Selbstverständlichkeiten' des verheirateten Menschen gehören, hat weithin an Geltung verloren.

(2) Als Folge eines tiefreichenden geistigen Prozesses ist das generative Verhalten aus einem überindividuellen, übergreifenden Forderungsbezug heraus stärker in das Ermessen des einzelnen übergegangen. Gesamtgesellschaftliche oder auch religiöse Sinnbezüge verlieren demgegenüber stark an Bedeutung. Dagegen

scheint eine Verhaltensorientierung an überschaubaren sozialen Bezugsgruppen und dort vorhandenen Leitbildern durchaus vorhanden zu sein.

(3) Das veränderte generative Verhalten hängt mit einem ökonomischen Rollenverlust des Kindes in der Familie wie auch mit seiner in mancher Hinsicht schwachen Position in der Gesellschaft (mangelnde kinderfreundliche Lebensbedingungen und Umwelt) zusammen. Familien mit Kindern haben eine unzureichende 'Lobby'.

(4) Eine größere Kinderzahl kollidiert vielfach mit dem Wunsch des Ehepaares nach einem größeren persönlichen Entfaltungsspielraum; Kinder sind auch ein Kostenfaktor und belasten als solche das Budget der Eltern an Einkommen und Zeit – bei gleichzeitig steigenden Normen des sozio-kulturellen Mindestbedarfs. (Auch hier wäre auf einen Einfluß von Bezugsgruppen im gesellschaftlichen Umfeld zu verweisen.) Gesehene 'Vorteile' von Kindern können auch schon mit ein oder zwei Kindern realisiert werden, während demgegenüber 'Nachteile' durch Kinder mit steigender Kinderzahl zunehmen.

(5) Das generative Verhalten wird offensichtlich durch eine veränderte Reaktion auf die Beanspruchung der Frau durch Kinder beeinflußt, was auf eine steigende Belastungsempfindlichkeit hindeutet (unterschiedliches 'Kohortenschicksal'?).

(6) Das schillernde, aber gleichwohl wirksame Stichwort von der Emanzipation der Frau ist bei dem veränderten generativen Verhalten mit zu bedenken. Hier wirken sich vor allem solche sehr problematischen Emanzipationskonzepte aus, nach denen Selbstverwirklichung und Selbstentfaltung (der Frau) nur durch außerhäusliche Erwerbstätigkeit erreicht werden kann.

(7) Skeptische Beurteilungen der Zukunftsperspektiven für die eigene Person oder mehr noch für die Kinder bis hin zu Zukunftsangst schlagen auf die generativen Entscheidungen der Paare durch. Zugleich scheint

eine langfristige Bindungsbereitschaft, wie sie eine Entscheidung für Kinder voraussetzt, schwächer geworden zu sein.

(8) Verbesserte Möglichkeiten der Empfängnisverhütung bedingen wesentlich eine veränderte Entscheidungssituation im Bereich des generativen Verhaltens; etwas überspitzt gesagt, handelt es sich geradezu um eine Umkehr in der Entscheidungslage: Es bedarf einer bewußten Entscheidung und Verhaltensänderung für den Fall, daß ein Kind geboren werden soll (und nicht mehr für den Fall, daß ein Kind nicht geboren werden soll).

(9) Veränderte innereheliche Strukturen und Partnerbeziehungen und eine zunehmend sensibilisierte Reaktion der einzelnen auf gesellschaftliche Rahmenbedingungen (und deren Wandlungen) durch Änderungen des Kinderwunsches (z.B. 'Erst-Kind-Schock') sind kennzeichnend für den individuellen Habitus vieler Paare. Hinzu kommen Schwierigkeiten bei der Umorientierung auf neue Lebensstile, wozu dann wiederum die Probleme gehören, die sich aus dem Spannungsverhältnis von Berufsorientierung und Familienorientierung ergeben.

(10) Sicherheitsstreben sowie Abneigung gegenüber persönlichen Risiken und den mit der langfristigen Entscheidung für Kinder verbundenen Unwägbarkeiten (einschl. Unsicherheiten gegenüber Erziehungsproblemen mit Kindern) wirken sich offensichtlich zusätzlich hemmend auf den Kinderwunsch aus." (M. Wingen 1982, S. 116 und 117)

Diese aufgelisteten, als ursächlich und bedingend geltenden Faktoren des allgemeinen generativen Verhaltens, werden auch speziell für den quantitativen Anstieg der kinderlosen Ehen in der Literatur benannt. Bevor im einzelnen auf diese möglichen Gründe für eine Entscheidung zur Kinderlosigkeit eingegangen werden soll und diese vermuteten mit denen in unserer Befragung genannten Argumenten verglichen werden (vgl. Kap. III.1.3), muß zunächst betont werden, daß unsere Daten eine "Abkehr vom Kind" – jedenfalls, wenn man geheiratet hat – keineswegs belegen.

Auch andere Untersuchungen zeigen: Mit der Heirat verbanden die meisten – heute kinderlosen – Ehepaare sehr wohl die Erfüllung ihres Kinderwunsches (vgl. ebenso K. Pohl 1985, S. 39 ff.; W. Toman 1977, S. 43). Entgegen der Pluralitätsthese gilt dieses im übrigen auch für die Jüngeren: So wollten 85,5 % der betroffenen Paare, als sie 1980 geheiratet haben (vgl. Tabelle Nr. 6), einmal gemeinsame Kinder, wobei der Anteil der Ehen mit medizinisch bedingter Kinderlosigkeit noch nicht einmal berücksichtigt wurde. Wenn diese Entscheidung nur für 61,3 % der Eheschließungskohorte von 1970 zutrifft, so kann dieses daran liegen, daß einige sich ihren Kinderwunsch inzwischen erfüllt haben, und sie deshalb nicht mehr in unser Sample aufgenommen wurden.

Viele der heute Kinderlosen schieben jedoch nach ihrer Eheschließung die Erfüllung ihres Kinderwunsches erst einmal auf spätere Zeiten (vgl. Tabelle Nr. 6). Mit anderen Worten: Im Zuge des allgemeinen Modernisierungsprozesses scheint nicht die bewußt gewollte lebenslange kinderlose Ehe zuzunehmen, sondern die geplante temporäre.

Mit der Länge der Ehebiographie fällt dann aber schließlich die Entscheidung für oder gegen Kinder, d.h. die befristete Kinderlosigkeit wird aufgegeben: man versucht, sich den Kinderwunsch zu erfüllen oder entschließt sich, für immer auf Kinder zu verzichten.

Zuweilen stellt man dann aber fest, daß aus der freiwilligen befristeten Kinderlosigkeit eine unfreiwillige lebenslange geworden ist (vgl. hierzu auch Kap. III.1.1). Auch aus der quantitativen Erhebung wird dieser prozessuale Verlauf deutlich, denn nach 5 bis 6 Jahren (vgl. Eheschließungskohorte von 1980) ist dieser Tatbestand noch nicht so eindeutig.

Bezugnehmend auf das vorige Kapitel bleibt deshalb ein wichtiges Ergebnis festzuhalten: Wenn der Anteil der kinderlosen Ehepaare steigt, die zunächst eine befristete Kinderlosigkeit wählen, hat auch die Wahrscheinlichkeit zugenommen, daß der Anteil für immer kinderlos bleibender Ehen insgesamt in Zukunft noch weiter steigen wird.

Wenn ferner im theoretischen Einleitungskapitel dargestellt wurde, daß im Zuge des Modernisierungsprozesses die bewußt geplante lebenslange kinderlose Ehe als eine neue Daseinsform innerhalb der gestiegenen Optionsmöglichkeit von Lebensstilen gelten könnte, so muß diese These aufgrund unserer Daten verneint werden. Tabelle Nr.

Tabelle Nr. 6: Gründe der Kinderlosigkeit zu Beginn der Ehe und heute - differenziert nach Eheschließungskohorten -

	1970		1980	
	Ehebeginn	heute	Ehebeginn	heute
medizinisch bedingte Kinderlosigkeit	13,3	62,6	2,1	20,6
bisher nicht erfüllte Kinderwünsche	22,5	7,5	37,0	42,3
bewußte befristete Kinderlosigkeit	38,8	-	48,5	19,6
bewußte lebenslange Kinderlosigkeit	22,4	26,9	10,3	14,4
keine Antwort	3,0	3,0	2,1	3,1
	100,0 (67)	100,0 (67)	100,0 (97)	100,0 (97)

6 zeigt, daß sie im Zeitvergleich heute weit seltener gewählt wird, als noch vor ca. 15 Jahren.

Zwei Interpretationen sind für die quantitative Abnahme der bewußt geplanten lebenslangen kinderlosen Ehe möglich:

Die Eheschließungskohorte von 1970 könnte in ihrer stärkeren Negation zum Kind durch die damals vorherrschenden zeitgeschichtlichen familienkritischen Diskussionen - ausgelöst durch die Studentenunruhen und die Neue Frauenbewegung - beeinflußt worden sein. Dann wäre die höhere Zahl von Eheschließenden mit bewußter Ablehnung von Kindern im Jahre 1970 gegenüber 1980 stärker im Sinne einer Reaktion auf bestimmte gesamtgesellschaftliche Veränderungen interpretierbar und nicht der Beginn eines langfristigen Trends.

Doch wahrscheinlicher ist, daß unsere Daten sehr wohl einen langfristigen gesellschaftlichen Wandel widerspiegeln, der sich zwar nicht auf die Ausprägung eines neuen Ehetyps (= Ehepaare ohne Kinder) bezieht, sondern - worauf deshalb im folgenden kurz eingegangen werden soll - auf die Verbreitung einer neuen Lebensform, der nicht-ehelichen Lebensgemeinschaft.

Zum Verständnis sind nähere Erläuterungen aus einer früheren - von uns durchgeführten - Untersuchung notwendig: Aufgrund unserer empirischen Erhebung über "Familiale Veränderungen in der Bundesrepublik Deutschland" (vgl. hierzu ausführlicher R. Nave-Herz 1984 und 1988) haben wir infolge von Veränderungen im Außensystem, vornehmlich dem Norm- und Wirtschaftssystem eine weitere Differenzierung in zwei Lebensformen (Ehe und nicht-eheliche Lebensgemeinschaft) belegen können, denen beide zunächst die gleiche spezialisierte Leistung zugeschrieben wird, die Spezialisierung auf emotionale Bedürfnislagen. Sie unterscheiden sich aber gerade auch im Hinblick auf diese Spezialisierung. Denn eine partnerbezogene Emotionalität wird immer stärker zum Anlaß einer nicht-ehelichen Lebensgemeinschaft, während eine kindorientierte Partnerbeziehung in zunehmendem Maße in der Bundesrepublik zum Anlaß einer Eheschließung wird. Die Abnahme der Quote von Ehepaaren, die bewußt eine lebenslange Kinderlosigkeit planen, könnte demnach auf diesen Systemdifferenzierungsprozeß zurückzuführen sein, d.h. mehr Paare mit fehlender Kindorientierung gingen 1980 im Vergleich zu 1970 bereits nicht mehr die Ehe ein. Unsere damals aufgestellte These von der "kindorientierten Ehegründung" (R. Nave-Herz 1984) wird also durch die vorliegenden Daten, nämlich durch den geringen Anteil von Ehepaaren mit bewußt geplanter lebenslanger Kinderlosigkeit überhaupt und zudem durch ihre Abnahme im Zeitvergleich, erneut bestätigt.

1.3 Genannte Gründe für eine bewußt geplante kinderlose Ehe

In den narrativen Interviews gaben uns die Befragten folgende Gründe für ihre bewußt geplante lebenslange oder befristete Kinderlosigkeit an: einen fehlenden Kinderwunsch oder negative Erfahrungen mit Kindern, pessimistische Zukunftsaussichten; sie empfanden sich noch zu jung oder zu alt; befürchteten berufliche Aufstiegsbehinderungen; wollten sich erst noch einrichten und weiteres anschaffen; glaubten, keine gute Mutter sein zu können; wollten ungebunden sein; befürchteten Belastungen in der Beziehung zum Partner, vor allem auch, daß sie dann nicht mehr genügend Zeit für ihn hätten; waren sich selbst genug; wollten ihren Beruf nicht aufgeben oder unterbrechen; hatten - wie sie sich selbst ausdrückten - "einfach keine Lust"; Freizeit und Hobby waren ihnen zur Zeit noch wichtiger; wollten zunächst noch ihre Berufsausbildung abschließen; glaubten, daß Kinder sie in ihrer Selbstverwirklichung im Augenblick behindern würden usw. Wir stellten aus ihren Angaben eine Liste mit 37 Statements für die quantitative Befragung zusammen, die sich auf sieben verschiedene Dimensionen bezogen (vgl. die im Anhang angeführte Liste - Anmerkung Nr. 3 - und Tabelle Nr. 1). Als Antworten wurden vorgegeben: traf voll und ganz zu, zum Teil, traf nicht zu, weiß nicht und keine Antwort. Die folgende Analyse bezieht sich nur auf die erste Antwortkategorie.

Zunächst soll auf die Begündungen für die Wahl der bewußten Kinderlosigkeit *zu Beginn der Ehe* eingegangen werden.

Die einfache Häufigkeitsverteilung zeigt, daß die Statements "ich wollte den Beruf nicht aufgeben" und "ich hatte einfach keinen Kinderwunsch" die höchste Zahl positiver Zustimmungen fanden (= 35 %), dicht gefolgt von dem Statement "ich wollte mich damals erst einmal ganz dem Beruf widmen" (= 33 %).

Wenn man die bewußt lebenslangen kinderlosen Ehen für sich allein betrachtet, ist die Rangfolge ihrer Gründe nicht verwunderlich. Sie gaben überwiegend als Grund einen fehlenden Kinderwunsch an (= 79 %). An zweiter Stelle nannten sie ebenfalls den Beruf (= 62 %), zumeist kombiniert mit dem ersten.

Wegen der Streubreite der Antworten ist eine Übersicht über die Antwortverteilungen, bezogen auf die einzelnen Dimensionen, aufschlußreicher. Dabei wurden - um falsche Gewichtungen zu vermeiden - die Mehrfachnennungen in den einzelnen Bereichen eliminiert, d.h. positive Zustimmungen (= traf voll und ganz zu) zu mehreren Statements innerhalb einer Dimension zu einer Nennung zusammengefaßt.

Tabelle Nr. 7: Gründe für eine bewußte Kinderlosigkeit nach der Eheschließung - % der positiven Zustimmungen zu bestimmten Dimensionen -

	ingesamt	1970	1980
Berufliche Gründe	65,7	45,5	81,8
Bevorzugung eines bestimmten Lebensstils	56,6	47,7	63,6
Fehlender Kinderwunsch bis negativer Einstellung zu Kindern	50,5	40,9	65,6
Materielle Gründe	41,4	36,4	45,5
Partnerbezogene Gründe	24,4	18,1	29,1
Gesundheitliche Gründe	13,1	18,1	9,1
Pessimistische Zukunftsaussichten	10,1	9,1	10,9

Mit Abstand werden zuerst berufliche Belange als Grund für die bewußte Kinderlosigkeit nach der Heirat genannt (vgl. erste Zeile der Tabelle Nr. 7) und zwar in weit stärkerem Maße vor allem von der jüngeren Eheschließungskohorte. Von ihnen schoben 3/4 den Kinderwunsch nach der Hochzeit zunächst aufgrund beruflicher Argumente hinaus, Frauen noch eher als Männer (auf geschlechtsspezifische Unterschiede wird später noch eingegangen). Damit spiegeln unsere Zahlen das auch in anderen empirischen Erhebungen festgestellte gestiegene Engagement der heutigen jungen Frauen wider (vgl. G. Schmidtchen 1984; I. N. Sommerkorn 1988), das hier seinen Einfluß auf die Frage der Familienbildung zeigt. An zweiter Stelle (für 1970 an erster) wird die Ablehnung von Kindern nach der Heirat damit begründet, daß man zunächst noch einen bestimmten Lebensstil praktizieren will, nämlich noch eine zeitlang frei und ungebunden sein möchte, den Hobbies nachgehen oder die Zweisamkeit genießen will. An 3. Stelle (bzw. 1980 an zweiter) wurden kindbezogene Gründe genannt, vor allem der fehlende Kinderwunsch. Auch dieses Argument betonen die Jüngeren häufiger. Erst an vierter Stelle rangieren materielle Erwägungen.

Zu betonen ist, daß die Befragten selten Gründe aus einem einzigen Bereich angaben. Nur für die berufliche Dimension gilt, daß 11 % allein diesbezüglichen Statements zustimmten, die seit 1980 verheirateten in noch stärkerem Maße (= 15 %).

Zusammenfassend bleibt festzuhalten: Wie wir die Daten auch aufbereiteten, ob wir als Bezugsgröße die Befragten, die Gesamtzahl der Nennungen, die Einzelangaben usw. wählten (nicht alle durchgeführten Rechenoperationen können hier wiedergegeben werden), wir erhielten das gleiche Ergebnis: die Berufsorientierung der Frauen hat den stärksten Einfluß auf die Entscheidung für oder gegen Kinder nach der Eheschließung.

Selbst Arbeitslosigkeit ändert an diesem Faktum nichts. Unsere – wenigen – befragten Frauen, die sich in dieser Situation befanden, betonten in den qualitativen Interviews sehr ausführlich und deutlich, daß die Arbeitslosigkeit der Erfüllung ihres Kinderwunsches gerade entgegenstünde und nicht umgekehrt, wie vielfach behauptet wird (vgl. hierzu die ausführlicheren Diskussionen von I. Blake 1979, S. 245 ff.; E. Beck-Gernsheim 1984). Sie wollten jedenfalls auf keinen Fall diese Zeit für Schwangerschaft und für die Kleinkindpflege nutzen, sondern erst nach Wiedereingliederung in das Erwerbsleben die Mutterschaft planen.

Beispiel:

Frau: *"also viele aus unsrem Bekanntenkreis, Freundeskreis ham gesagt, ja, Mensch, jetzt hast Du ja Zeit ... wir haben schon unser*

zweites ... Mensch, dann fragste Dich irgendwann mal, wär das jetzt eigentlich so gut? Oder wär das Kind jetzt nicht eigentlich dann in 'ne Situation nur reingeborn, wo es Lückenfüller ist? Weil Du eben nix andres kriegst ... ja, kriegste halt jetzt Dein Kind. Ob man nicht irgendwann, wenn dann doch vielleicht noch mal 'ne Stellenangebot kommt ... ob man sich dann nicht irgendwo fragt, war die Entscheidung richtig? Und so'n Kind, das kannste dann nicht irgendwo ... 'ne Job, den kannste morgen hinschmeißen und kündigen und sagen, ist nicht mehr, ich möchte doch lieber jetzt 'ne Familie haben, Kinder haben. Aber die Entscheidung, jetzt 'n Kind zu haben, die ... muß ... stehn, und dann gibt's da kein Zurück mehr. Und insofern ... also mein persönliches Interesse ist, erst einmal zu arbeiten ... insofern (muß) der Kinderwunsch ... also noch zurückstehen. Der Wunsch an und für sich ... der ist da"
(80 57 5616/33/34).

Zu den gleichen Ergebnissen kamen im übrigen auch I. Biermann, Ch. Schmerl und L. Ziebell aufgrund ihrer Erhebung über die Situation arbeitsloser Akademikerinnen (1982, S. 73 ff., 1983, S. 35 ff.).

Übrigens kann auch die Arbeitslosigkeit des Ehemannes die gleiche Wirkung zeigen, wie das folgende Beispiel zeigt. Die Ehepartner ziehen einen möglichen "Rollentausch" gar nicht in Betracht; für sie kommt nur die befristete Kinderlosigkeit in Frage:

Beispiel:

Frau: *"'n Kinderwunsch ist irgendwie schon da."*

Mann: *"Ja, sicherlich."*

Frau: *"Aber, das ist einfach schwierig, wenn man als Frau arbeitet ... man ist ja acht Stunden nicht da, nicht bei dem Kind sein können, ich weiß nicht, ob das so einfach ist ... Irgendwie trauen wir uns auch nicht, jedenfalls nicht richtig."*

Mann: *"Man schiebt das noch immer vor sich hin. Noch geht's ja."*

Frau: *"Man sagt immer: Kannst ja in zwei Jahren. Kannst noch mit dreißig 'n Kind kriegen. Aber ... das ist eigentlich der Grund. ... Ich glaube, wenn mein Mann berufstätig wär und ich könnte halbtags arbeiten oder gar nicht, dann ..." (81 57 535/14)*

Unsere Daten scheinen also die so häufig schon aufgestellte Behauptung erneut zu bestätigen, daß die zugenommene weibliche Erwerbstätigkeit die verursachende Bedingung für den Geburtenrückgang in der Bundesrepublik wäre, und daß die gestiegene Berufsorientierung von Frauen somit auch für den Anstieg kinderloser Ehen verantwortlich wäre, ja, daß evtl. sogar die Aussage in einer großen Tageszeitung stimme: daß das Karrierestreben der modernen Frauen die beste Anti-Baby-Pille sei (zit. bei M. Stauber 1979, S. 10).

Doch so einfach und monokausal ist der Zusammenhang zwischen zugenommener Erwerbstätigkeit und Kinderlosigkeit nicht.

Schon die international vergleichende Statistik widerspricht dieser Vermutung, da wir zwar in der Bundesrepublik einen hohen Anteil kinderloser Ehen haben, aber gleichzeitig auch eine der geringsten Erwerbsquoten von Frauen in Europa (vgl. M. Bak u.a. 1988).

Wir stellten darüber hinaus fest, daß gerade für einen großen Teil der Frauen, die eine befristete Kinderlosigkeit nach der Eheschließung wählen, nicht nur eine starke Berufsorientierung gilt, sondern diese gleichzeitig mit einer hohen Familienorientierung [5] und mit einer traditionellen Mutter-Rollen-Konzeption zusammenfällt, und daß dieser Konflikt, zwischen gleichrangigen Optionen in der Lebensgestaltung wählen zu müssen, die eigentlich verursachende Bedingung für die Verschiebung der Einlösung des Kinderwunsches zu sein scheint. Deshalb haben wir unsere Daten nochmals unter entscheidungstheoretischem Aspekt analysiert, worüber im nächsten Abschnitt berichtet wird.

Weiterhin ist zu betonen, daß die Statements, die sich auf die Frage der Berufsorientierung beziehen (vgl. die Liste im Anhang, Anm. 3) nicht die ökonomischen Aspekte der Berufsarbeit thematisieren, sondern sie spiegeln deutlich den Grad des

Berufsengagements wider. Das aber bedeutet, daß das in den Massenkommunikationsmitteln häufig zu lesende Argument, nämlich die materielle Situation wäre der Grund der bewußten Kinderlosigkeit und deshalb könnten staatliche Ausgleichszahlungen die Kinderwünsche in starkem Maße anregen, aufgrund unserer Daten bezweifelt werden muß.

Schon 1977 gaben in der Befragung von W. Toman 84 % der kinderlosen Frauen persönlichkeitsbezogene und nicht finanzielle Gründe für ihre Erwerbstätigkeit an (1977, S. 46). Auch M. Wingen weist darauf hin, daß rein wirtschaftliche Erklärungsmuster problematisch erscheinen, "weil realitätsverengend, wie umgekehrt die Vernachlässigung ökonomischer Zusammenhänge bei der Erklärung der veränderten Entscheidungen für Kinder" (1982, S. 115; vgl. hierzu auch W. Tacke 1978).

Vermuten könnte man deshalb, daß das neue Erziehungsgeldgesetz nicht wegen seiner finanziellen Unterstützung (dieses könnte zuweilen nur einen sog. "Mitnahmeeffekt" haben) in Anspruch genommen wird, sondern in stärkerem Maße wegen seiner begrenzten Urlaubsmöglichkeit mit Beschäftigungsgarantie. Doch gezielte empirische Untersuchungen müßten diese Annahme erst bestätigen. Im folgenden soll nunmehr die Frage zu beantworten versucht werden, welche Begründungen für die *heutige* freiwillige Kinderlosigkeit genannt werden und welche sich nach sechs Jahren (= 1980) bzw. nach sechzehn (= 1970) verändert haben.

Die Rangfolge der Gründe für die bewußt gewählte Kinderlosigkeit hat sich von Beginn der Ehe an bis heute sichtbar verschoben. Nunmehr werden am häufigsten Argumente benannt, die sich auf den Lebensstil oder auf die Einstellung zu Kindern bzw. auf den fehlenden Kinderwunsch beziehen.

Die Gründe, die die Befragten für ihre derzeitige bewußte Kinderlosigkeit angeben, lassen deutliche Unterschiede zwischen den Eheschließungskohorten erkennen. Die Differenzen scheinen aber weniger zeitgeschichtliche als ehebiographische Effekte widerzuspiegeln, da sich die Verschiebungen der Gründe in der Zeit zwischen Ehebeginn und heute bei den 1970ern gegenüber den 1980ern in den wichtigsten Bereichen nur graduell verändert haben und in die gleiche Richtung weisen, mit Ausnahme der partnerbezogenen und gesundheitlichen Begründungen (vgl. Tabelle Nr. 7 mit Nr. 8).

Tabelle Nr. 8: Heutige Gründe für eine bewußte Kinderlosigkeit - % der positiven Zustimmungen zu bestimmten Dimensionen -

	ingesamt	1970	1980
Bevorzugung eines bestimmten Lebenskonzepts	58,6	79,2	47,8
Fehlender Kinderwunsch bis negative Einstellung zu Kindern	48,6	50,0	47,8
Berufliche Gründe	38,6	25,0	45,7
Pessimistische Zukunftsaussichten	25,7	29,2	23,9
Materielle Gründe	18,6	12,5	21,7
Gesundheitliche Gründe	21,4	58,3	2,1
Partnerbezogene Gründe	15,7	20,8	13,0

Augenscheinlich ist, daß häufig während der Ehebiographie eine Verschiebung von beruflichen und materiellen Gründen zu psychologischen und gesundheitlichen zu erfolgen scheint. Hochsignifikant (0.04; eta = 0.17) ist der Unterschied und damit - was das zuvor Gesagte unterstreicht - der Gewöhnungseffekt an die Kinderlosigkeit zwischen 5 und 15 Ehejahren. So stimmen 64 % der Eheschließungskohorte von 1970, aber nur 34,8 % der von 1980 dem Statement zu: "Ich habe mich jetzt so daran gewöhnt, keine Kinder zu haben". Relativ oft wurde auch das Statement bejaht: "Kinder würden jetzt unser Leben zu sehr verändern". Der Unterschied zwischen 1970 (= 24 %) und 1980 (= 21 %) ist jedoch bei der Bejahung dieses Statements nicht sehr hoch (eta = 0.29).

Dieser Gewöhnungseffekt wurde uns bereits in einem qualitativen Interview sogar offen mitgeteilt:

Frau: *"...ich finde es unheimlich gut ohne Kinder."*

Mann: *"Ja, zunächst einmal darf man durchaus sagen, daß wir... in der gemeinsamen Zeit vor der Ehe und auch vom Heiraten an, bewußt vermieden haben, Kinder zu kriegen, weil immer noch irgend welche...Ziele vor Augen standen..., bei denen Kinder also'n Strich durch die Rechnung gemacht hätten... und dann hat man sich immer gesagt, lieber noch keinen Klotz am Bein, und irgendwann haben wir dann mal festgestellt, ist eigentlich ganz schön so und warum belasten. Die anderen hatten...dann nach und nach Kinder gekriegt, und die war'n nicht mehr flexibel und die sagten immer: Mensch, habt ihr's gut..., naja, und das bestärkte einen natürlich in der Meinung, daß es auch ohne geht." (7147451/40)*

Um noch genauer zu prüfen, ob die psychologischen Barrieren gegen das Kinderhaben mit der zeitlichen Länge der Kinderlosigkeit zunehmen, wurden alle Statements nicht - wie bisher - nach Lebensbereichen (Beruf, Partnerbeziehungen usw.) oder Lebenszielen zusammengefaßt, sondern diejenigen herausgefiltert, die entweder den Wunsch nach keiner Veränderung signalisieren oder Befürchtungen vor irgendwelchen Beschränkungen durch Kinder erkennen lassen und der Anteil positiver Antworten ("traf voll und ganz zu") zu Beginn der Ehe mit denen von heute verglichen (vgl. Tabelle Nr. 1 im Anhang).

Das Ergebnis ist interessant:
Die Befürchtungen vor Veränderungen der jetzigen Lebensweise durch Kinder standen bereits schon zu Beginn der Ehebiographie dem Kinderwunsch entgegen und diese Haltung verstärkt sich, je länger die Kinderlosigkeit geplant und durchgeführt wird. Nunmehr - also in der augenblicklichen Situation - nimmt der Wunsch nach keiner Veränderung durch Kinder einen Spitzenplatz ein: 36 % stimmten den diesbezüglichen Statements zu. Nur 18 % bejahten Statements, die keinen Kinderwunsch oder gar eine Abneigung gegen Kinder signalisierten und lediglich 11 % kreuzten solche an, die Befürchtungen vor beruflichen Einschränkungen erkennen

lassen (vgl. Anmerkung 3 und Tabelle Nr. 1 im Anhang).

Unsere Daten zeigen ferner, daß dieser Sachverhalt nicht etwa durch das höhere Alter der Befragten bedingt wird. Interessant ist aber, daß Frauen in etwas stärkerem Maße als Männer heute keine Veränderungen ihrer jetzigen Lebenssituation durch Kinder mehr wünschen (Anstieg der Nennungen von Frauen um 14 %; der Männer um 10 %). Erwähnt sei weiterhin, daß nur Frauen zugaben, daß sie Zweifel hätten, jemals eine gute Mutter sein zu können, aber kein Mann bejahte sein entsprechendes Statement. Insgesamt spielt aber das Argument für Kinderlosigkeit, das F. Baum in seiner Untersuchung gefunden hat (1982, S. 40 ff.), nämlich die Vermeidung der heutzutage hohen Anforderungen an die Elternrolle und des Stresses, der mit ihr verbunden ist, in unserer Erhebung keine bedeutende Rolle.

Bei den Ehemännern dagegen hat der Anteil derjenigen seit der Heirat bis heute stark zugenommen (nämlich um 9 %), die angeben, keinen Kinderwunsch zu haben. Bei Frauen ist kein Anstieg gegeben. Der Wunsch nach Kindern scheint bei ihnen also weniger irgendwelchen Schwankungen zu unterliegen. Pointiert zusammengefaßt: Er ist nicht da, oder er ist da und bleibt, aber bestimmte Umstände - vor allem berufliche - verhindern die Einlösung; mit der Zeit gewöhnt man sich dann an diese Lebenssituation und verschiebt deshalb weiterhin das Kinderhaben; schließlich gibt man es ganz auf oder stellt plötzlich fest, daß medizinische Gründe seine Realisierung verhindern.

1.4 Gründe der Kinderlosigkeit unter entscheidungstheoretischer Perspektive

Die Entscheidungstheorie geht von einem Modelldenken aus, das Entscheidung als Nutzenkalkulation angesichts gegebener Alternativen interpretiert. Sie stellt die Frage: "Wie läßt sich bei gegebenen Zielpräferenzen aus alternativen Handlungsmöglichkeiten die nutzenmaximalste bestimmen?" (O. Höffe 1979, S. 36). Dabei wird Entscheidung hier nicht mit der punktuellen und statischen Beschlußfassung gleichgesetzt, sondern als langfristiger

Prozeß begriffen. Dieses idealtypisch formulierte Modell geht also von mehreren Voraussetzungen aus: 1. von Wahlmöglichkeiten zwischen verschiedenen Zielvorstellungen, 2. von der Möglichkeit der Erstellung einer Präferenzordnung zwischen den Zielen, 3. von Wahlmöglichkeiten zwischen verschiedenen Wegen (Handlungsmöglichkeiten) zur Erreichung der Ziele und 4. von einem rational handelnden, an Nutzenmaximierung orientierten Entscheidungsträger, was nicht heißt, daß ihm selbst seine Kosten-Nutzen-Kalkulation immer bewußt sein müßte.

Überträgt man dieses Modell auf den Entscheidungsprozeß für oder gegen Kinderlosigkeit, so wären zunächst verschiedene "Lebensziele" zu definieren und ihre Präferenzordnung zu ermitteln. Unter "Lebenszielen" sind im Rahmen dieser Untersuchung "persönliche Wichtigkeiten von Lebensbereichen" (vgl. Th. Bargel 1979) oder "Wertorientierungen" (vgl. H. Klages 1984) zu verstehen. Das sind individuelle und kollektive Grundorientierungen. Sie gelten als Maßstab, die das Handeln lenken und Entscheidungen über Handlungsweisen ermöglichen.

In einer Reihe von empirischen Erhebungen wurden derartige Wertorientierungen erhoben, und sie alle zeigen übereinstimmend den hohen Spitzenplatz, den die Familie in derartigen Präferenzordnungen gegenüber anderen Lebensbereichen in der Bundesrepublik einnimmt (vgl. hierzu ausführlicher R. Nave-Herz 1988).

In unseren Fragebögen, die von Ehepaaren mit Kindern als auch von kinderlosen Partnern ausgefüllt wurden, bezogen sich ebenfalls verschiedene Fragen und Statements auf die Präferenzordnung von Lebensbereichen. Die Ergebnisse unserer Untersuchung wichen von denen anderer Erhebungen nicht ab. Die Differenzierung nach dem Vorhandensein bzw Nicht-Vorhandensein von Kindern zeigte aber darüber hinaus, daß der Familienbereich eine noch höhere Wertschätzung seitens der kinderlosen Befragten - gegenüber jenen mit Kindern - genießt.

Die Unterschiede zwischen den Eheschließungskohorten (1970 und 1980) zur Frage der Präferenz von Lebensbereichen sind im übrigen gering und stimmen ebenso mit dem in anderen Erhebungen festgestellten Trend zu einer stärkeren Familienorientierung im Zeitvergleich überein (vgl. z.B. Allensbach 1981). Stärker sind die Differenzen zwischen den Geschlechtern ausgeprägt (vgl. Tabelle Nr. 2 im Anhang). Sie dokumentieren aber ebenfalls nur die bekannten geschlechtsspezifischen Einstellungsunterschiede in derartigen Erhebungen (T. Bargel 1979; Allensbach 1981).

Wenn also der Familienbereich eine so hohe Wertpräferenz bei den kinderlosen Ehepaaren genießt, warum - so muß man fragen - wird dann der Kinderwunsch von ca. 1/3 aller Befragten (vgl. Tabelle Nr. 6) überhaupt bewußt verschoben. Die Möglichkeit, daß die ehelichen Beziehungen durch Kinder belastet werden könnten, sehen nur einige von ihnen (= 12,7 % der Befragten bejahten die Statements 29 und 32; vgl. Anmerkung Nr. 3); die weit überwiegende Mehrheit befürchtet keine Störungen durch Kinder (= 87,3 %).

Unsere Daten zeigen jedoch weiterhin, daß für diejenigen, die die Realisierung des Kinderwunsches verschieben, ein Familienleben mit Kindern eine bestimmte Qualität haben sollte. Eine Frau formulierte diesen Wunsch sehr deutlich: "... wenn ich mich für'n Kind entscheide, dann mit Haut und Haaren" (8159 5811/53). Eine andere betonte: "Wenn man 'ne Kind in die Welt setzt ..., dann sollte man auch dafür da sein" (79588572/22).

In den quantitativen Interviews meinte die weit überwiegende Mehrzahl, nämlich 72,5 % der Frauen, daß sie nur dann eine gute Mutter sein können, wenn sie nicht mehr erwerbstätig wären. Diese Mutterrollen-Konzeption [4] steht aber im Widerspruch zu dem Berufsengagement dieser jungen Frauen.

Wie in den vorigen Abschnitten dargelegt, ist gerade die Berufsorientierung bei den "befristet Kinderlosen" besonders hoch. Auch in den Lebenszielpräferenzen steht der Berufsbereich - wenn auch mit großem Abstand - an zweiter Stelle, doch ebenso quantitativ abgehoben gegenüber den übrigen Lebensbereichen (vgl. Tabelle Nr. 2 im Anhang).

Unter entscheidungstheoretischer Perspektive könnte man aus dem zuvor Gesagten folgende Vermutungen ableiten:

Beide Wertorientierungen - wie sie bei diesen Frauen für das Familienleben und die Mutterrollen-Konzeption sowie für den Berufsbereich gelten - sind antagonistisch und müssen zu Entscheidungskonflikten führen. Das aber kann zur Folge haben, daß man - um dem Konflikt zu entgehen - die Realisierung des Kinderwunsches hinausschiebt, daß also Kinderlosigkeit als Konfliktlösungsstrategie zwischen divergenten Wertorientierungen für die Gegenwart gewählt wird, evtl. in der Hoffnung, zu einem späteren Zeitpunkt diesen Widerspruch lösen zu können. Zur Veranschaulichung des oben Gesagten sollen mehrere Textstellen aus einem Interview wiedergegeben werden.

Frau: *"Man muß vielleicht auch dazu sagen, daß wir eigentlich gar nicht vorhatten, so kinderlos zu bleiben ... (wir) ... haben so (kurz vor der Heirat) über Kinder gesprochen, daß wir zwei, also gern auch eins zumindest hätten." (14)*

Sie fährt später fort:

Frau:"... also ich hab' die Firma gewechselt ... die Abteilung ... kann man sagen, die hab' ich da so mit aufgebaut ... und ich möchte das im Grunde auch nicht alles aufgeben, weil ... das hat sich alles so prima entwickelt ... und ... äh ... das jetzt so in andre Hände geben ... weil ich auch 'n bißchen stolz darauf bin ... ."

Int.: *"Und sie würden, wenn ein Kind käme, dann die Arbeit aufgeben wollen?"*

Frau: *"Ja, ja, weil ich dann der Meinung bin, das sollte man sich vorher genau überlegen, und wenn 'n Kind kommt, ich meine ... das weiß man vorher und man will das denn ja, und dann ... äh ... muß man sich dafür Zeit nehmen, und dann nicht irgendwie zur Mutter, Großmutter oder 'ne Frau ins Haus oder zu 'ner Familie bringen oder so. Ich meine, ... was soll's dann? ... das ist meine Meinung, das finde ich nicht richtig dann. Ich meine, dann sollte man sich auch dem Kind widmen, dann sollte man auch Zeit dafür haben." (43/44)*

Mann: *"Ja, aber um auf den Kinderwunsch nochmal zurückzukommen ... äh ... das würde ich erst sehen, daß ... wir uns es dann leisten können ... so vom ganzen Ablauf her, dann wohl 'n Kind. Aber, sie hat ja schon erwähnt, daß sie gerne dort arbeitet an ihrer jetzigen Arbeitsstelle und ob man das eine mit dem anderen aufwiegen kann, das sind ja so grundverschiedene Dinge: Arbeit und Kind ... das glaub' ich nicht, nur sie muß es dann gerne machen."*

Frau: *"Ja, denn so im Moment kann ich das nicht so aufgeben."*

Mann: *"Nee, eben. ... Wir können ja noch abwarten; wir sind ja noch jung."*

Frau: *"Ja ... so ganz abgeschrieben ist das also durchaus nicht" (81 59 536/55/56).*

Aus diesen wiedergegebenen Satzsequenzen wird noch ein weiterer Sachverhalt deutlich.

Ein Konflikt ergibt sich nämlich ferner - entscheidungstheoretisch formuliert - durch fehlende subjektive Nutzeneindeutigkeit (vgl. im obigen Zitat: "und ob man das eine mit dem anderen aufwiegen kann, das sind ja so grundverschiedene Dinge: Arbeit und Kind."). Die Betroffenen sind sich der Nutzenmaximierung - im Hinblick auf Kinder - nicht sicher, was bedeuten kann, daß sie dem ihnen bekannten Nutzen (nämlich der Befriedigung, die die Berufsarbeit gewährt) den Vorrang einräumen. Den Entscheidungsträgern selbst brauchen diese Beweggründe nicht immer bewußt zu sein.

Eine traditionelle Mutterrollen - Konzeption ist nicht nur bei den Frauen zu finden, sondern diese kann auch durch die Ehemänner in Form der Erwartung und als Forderung nach einem bestimmten erwünschten späteren Verhalten an berufsengagierte Frauen herangetragen werden, wodurch sie in den gleichen Konflikt geraten können.

Beispiel:

Mann: *".. wenn man 'n Kind hat, dann sollte man das doch selber großziehen und nicht irgendwo abgeben."*

An späterer Stelle betont seine Ehefrau:

Frau: *"Ja, wenn, haben wir uns das so ausgemalt, daß ich dann 'nen halben Tag ... also ganz wollte ich meine Arbeit nicht aufgeben."*

Mann: *"Nö,. wir hatten ... soweit ... ich weiß .. jetzt nicht ... Jedenfalls bin ich der Meinung gewesen, daß Du ganz Deine Arbeit aufgibst ..."*

Frau: *"Ja, zunächst einmal ..."*

Mann: *"Ja!" (lacht) (7958572/24)*

Aus einem qualitativen Interview ist sogar zu entnehmen, daß dieser irrationale Konflikt der divergierenden Wertorientierungen, in dem manche Frauen sich zu befinden scheinen, auch zu psychosomatisch bedingter Kinderlosigkeit führen kann. Eine stark beruflich engagierte Frau berichtet:

> *"Mein Beruf, der war mir schon sehr wichtig, und wenn ich in der Schule in Funktionen gewählt wurde, dann hab ich immer so ... äh Gewissensbisse gehabt ..., daß ich vielleicht durch 'ne Schwangerschaft ... die Aufgabe nicht erfüllen kann ... Irgendwo ist, glaub ich, Kinderlosigkeit für mich auch 'n Schutz ..., weil ich bestimmt nicht der Typ bin, der jetzt so Kinder (meine eigenen Kinder) – in Anführungsstriche – vernachlässigt ... großzügig ... an 'nen anderen abgeben kann."* (71474820/23/34)

Unsere These – sie sei nochmals pointiert formuliert: "befristete Kinderlosigkeit als Konfliktlösungsstrategie zwischen divergenten Wertorientierungen (Berufsorientierung versus traditioneller Mutter-Rollen-Konzeption) – bedeutet letztlich, daß auf der individuellen Handlungsebene sozialstrukturelle Veränderungen – vor allem der unterschiedliche Wandel von gesellschaftichen Teilsystemen – ablesbar wären; denn das Schul-, Ausbildungs- und Berufssystem haben sich für Frauen verändert und damit ihr Berufsengagement; das Familiensystem, einschließlich der familialen Rollendefinitionen, hat keine gleichzeitige Veränderung in diesem starken Maße erfahren. Noch immer scheint das Bild der erwerbstätigen Mutter – jedenfalls bei der weit überwiegenden Mehrzahl der Frauen dieser Gruppe – negativ besetzt zu sein oder zumindest ist die

Doppelorientierung (Beruf und Familie mit Kindern) noch keine Lebensperspektive für sie, wie sie heutzutage bereits bei vielen Frauen mit Kindern verbreitet ist (vgl. I. N. Sommerkorn 1988). Die Entscheidung für eine befristete Kinderlosigkeit als Konfliktlösungsstrategie – um zwischen divergenten Wertorientierungen nicht entscheiden zu müssen – führt dann aber – wie beschrieben – häufig über den Gewöhnungseffekt zu lebenslanger Kinderlosigkeit. Unter sozialstrukturellem Aspekt würde damit in vielen Fällen Kinderlosigkeit auch als Indikator eines cultural lag zu identifizieren sein.

2. Der Lebensstil kinderloser Ehepaare

Kinder bedeuten in der Bundesrepublik Deutschland trotz aller staatlichen Ausgleichszahlungen eine hohe finanzielle Belastung (vgl. Gutachten des Wissenschaftlichen Beirates für Familienfragen 1979). Deshalb gilt es als Binsenweisheit, daß Ehepaare ohne Kinder über bessere finanzielle Ressourcen verfügen als jene mit Kindern. Die Unterschiede in den ökonomischen Rahmenbedingungen – so wird vielfach argumentiert (vgl. G.N. Ramu 1985) – ziehen Differenzen in den Lebensstilen zwischen den Verheirateten ohne und mit Kindern nach sich. Unter "Lebensstil" sind in diesem Zusammenhang die alltäglichen Verhaltensmuster zu verstehen, also alle jene Handlungen, die sich auf die Freizeitgestaltung, auf das eheliche Zusammenleben, auf die Verbindung zur außerfamilialen Umwelt u.a.m. beziehen. Die bessere ökonomische Lage der Kinderlosen ermögliche es ihnen also, ein "vielfältigeres Leben" zu führen, und zwar einerseits direkt, z.B. durch häufigere, längere und weitere Reisen, durch kostspielige Theater-, Konzert- sowie Gaststätten-Besuche, durch Einladungen von Gästen u.a.m., und indirekt durch die Anschaffung von Freizeitkonsumgütern und/oder technischen Haushaltsgeräten, die ihnen dann Arbeitsersparnis und damit ein höheres Maß an Freizeit gewähren können. Vielfach wird gerade die Möglichkeit eines solchen Lebensstils als verursachend für den Verzicht auf Kinder vermutet.

Kinder bedeuten aber auch ein Mehr an Sorgen und die Pflicht zur Versorgung; das wiederum heißt: ein Verlust an Ungebundenheit. Ein schneller Entschluß, z.B. am Abend auszugehen, eine Sonderreise kurzfristig in Anspruch zu nehmen, ist bei dem Vorhandensein von Kindern kaum durchführbar, Freizeitgestaltungen müssen dann langfristig geplant werden.

Auch der Umfang an hauswirtschaftlichen Tätigkeiten ist nicht nur aufgrund der höheren Personenzahl umfangreicher, sondern Kinder potenzieren diese sogar. Kinderlose Ehepaare müßten auch deshalb über ein Mehr an freier und sorgloser Zeit verfügen können.

Ferner könnte die Chance der Egalität in den Beziehungen zwischen den Partnern ohne Kinder größer sein; denn die Strukturen in einer Paargemeinschaft - das hat schon G. Simmel vor ca. 70 Jahren festgestellt - sind nicht mit denen in einer Gruppe vergleichbar, die dazu tendiere, weitere Subsysteme zu bilden, wodurch sich hierarchische Strukturen eher durchsetzen können.

Kurz zusammengefaßt: der Lebensstil von Ehepaaren ohne Kinder müßte sich demnach von dem der Ehen mit Kindern in vielen Bereichen unterscheiden. G. N. Ramu (1985) hat hierfür die - in Massenkommunikationsmitteln häufig zu lesenden - Etiketten aufgelistet: Sie werden als "jetsetter", als mobiler, als freizeitorientierter, als materialistischer bezeichnet. Im folgenden soll an einigen Lebensbereichen (der materiellen Ausstattung, der innerfamilialen Arbeitsteilung, der Freizeitgestaltung und an den sozialen Netzwerken) zu prüfen versucht werden, ob es sich hier de facto nur um "Etiketten" handelt, oder ob diese von G. N. Ramu zitierten Einstellungs- und Verhaltensmuster einen realen Sachverhalt beschreiben. In bezug auf unser Anliegen, nämlich zu prüfen, ob die kinderlose Ehe als eine neue Lebensform im Zuge des Modernisierungsprozesses gelten kann, wird damit gleichzeitig die Frage beantwortet, ob es aufgrund von unterschiedlichen Lebensstilen gerechtfertigt erscheint, von zwei verschiedenen Systemtypen - nämlich von kinderloser Ehe und Familie - zu sprechen.

2.1 Der materielle Lebensstil: der Wohnbesitz und die technische Haushaltsausstattung

Die Selektion gerade dieser Variablen hatte mehrere Gründe: Bei einer direkten Befragung über die Einkommenshöhe befürchteten wir einen zu großen Verweigerungsanteil. Zudem geht es in diesem Abschnitt auch gar nicht um die realen Einkommenshöhen, sondern um einen Vergleich von Lebensstilen, also um die Art der Einkommensverwendung. Gerade die Konsumausgaben verweisen auf die subjektive Wichtigkeit von Lebensbereichen. Schon Le Play (1855) hat aus den Unterschieden im Haushaltsbudget auf Lebenspräferenzen bis hin zu Einstellungsprioritäten geschlossen (z.B. hohe finanzielle Ausgaben an politische Parteien versus Reisen). Außerdem messen viele Personen den Indikatoren (Wohnung und Geräteausstattung) eine Symbolfunktion für den familialen Außenbereich zu, z.B. die Demonstration eines bestimmten ökonomischen Status. Insofern können diese beiden Indikatoren sehr wohl dazu dienen, der Frage nachzugehen, ob de facto kinderlose Ehepartner konsumorientierter und materieller in ihrer Einstellung als Mütter und Väter sind. Zudem bedeutet die Technisierung des Haushaltes - wie bereits betont - eine Entlastung und Freisetzung von Arbeitskraft, was wiederum Änderungen im gesamten Zeitbudget bewirken und zu unterschiedlichen Lebensstilen zwischen Kinderlosen und Ehepartnern mit Kindern führen könnte.

Um das Ergebnis gleich vorweg zu nehmen:

Insgesamt bestätigen unsere Daten einerseits die bekannte Tatsache, daß Familien mit jungen Kindern finanziell besonders belastet sind; sie negieren aber andererseits auch die Vorstellung von der besonderen Konsumorientierung und materiellen Einstellung Kinderloser.

Zur Belegung dieser These sollen zunächst die Daten präsentiert werden, die sich auf die Wohnsituation beziehen, und zwar auf das Eigentum/Nicht-Eigentum sowie die Zahl der Räume.

Entgegen den Alltagsvorstellungen verfügen kinderlose Ehepaare insgesamt über einen etwas geringeren Wohnungsstatus: 42 % der Kinderlosen, dagegen 47 % der Familien sind Eigentümer ihrer Wohnung. Nur in der ersten Phase des Familienzyklus, während die Kinder noch klein sind und die Wohnung sozialisationsrelevante Wirkung haben könnte (vgl. Gutachten des Wissenschaftlichen Beirats für Familienfragen 1976; L. Vaskovics 1988, S. 36 ff.), wohnen 8 % mehr Familien zur Miete und verfügen - trotz höherer Personenzahl - nur über die gleiche Anzahl von Zimmern. Es wurden im übrigen sämtliche Räume gezählt, also auch die Küche, das Bad/die Bäder, Hobby- und Haushaltsarbeitsräume usw., nicht dagegen der Keller und der Dachboden. Die jetzige durchschnittliche Zimmerzahl beträgt bei der Eheschließungskohorte von 1980 = 6 (sowohl bei den Familien als auch bei den Kinderlosen), von 1970 = 8 bei den Familien, 7 bei den Kinderlosen.

Bei allen befragten Gruppen ist im übrigen ein Anstieg der Zimmerzahl während ihrer Ehebiographie gegeben gewesen, am stärksten bei der Eheschließungskohorte von 1970. Dieser - letztgenannte - Tatbestand ist insofern nicht erstaunlich, da er den zeitgeschichtlichen Wandel der Wohnverhältnisse in der gesamten Bundesrepublik zeigt (vgl. L. Vaskovics 1988, S. 37). Sowohl an der Eigentumszunahme von Wohnungen als auch an der Erhöhung der durchschnittlichen Wohnungsgröße haben beide Gruppen - kinderlose Ehen und Familien - fast gleichermaßen partizipiert; die Kinderlosen also nicht überproportional.

Den gleichen Trend weisen die Daten über den Besitz von Haushaltsgeräten nach (vgl. Tabelle Nr. 3 im Anhang).

Auch sie zeigen, daß Differenzen innerhalb der Eheschließungskohorte von 1980 gegeben sind. Familien mit Kleinkindern besitzen im Vergleich zu den kinderlosen Ehepaaren etwas seltener ein Auto (zu 7 %), eine Kühltruhe (zu 5 %), eine Spülmaschine (zu 16 %), einen Trockner (zu 7 %) und ein Mikrowellen-Gerät (zu 6 %). In den Familien und in jener Familienphase, in der diese Geräte am stärksten in Anspruch genommen würden, fehlen sie also häufiger. Dagegen muß aber auch erwähnt werden, daß fast alle kinderlosen Ehefrauen (nämlich 98 %) erwerbstätig sind, sich insofern diese Geräte (und ein Zweitauto) finanziell eher leisten können und auch wegen ihrer Arbeitsbelastung schneller darauf zurückgreifen.

Differenzen innerhalb der Eheschließungskohorte von 1970 gibt es dagegen kaum (vgl. Tabelle Nr. 3 im Anhang).

Insgesamt könnten die Unterschiede zwischen den beiden Eheschließungskohorten bedeuten, daß in der ersten Familienphase - während der die Kinder im "Kindergarten- oder Schulalter" sind - Geräteanschaffungen eher als bei den Kinderlosen unterbleiben (bis auf Kühltruhen und Waschmaschinen), daß aber nach 15 bis 16 Jahren die Familien ihr Defizit aufholen.

Die geringere technische Haushaltsausstattung geht im übrigen nicht einher mit einer unterschiedlich starken Akzeptanz bestimmter Geräte zwischen den Ehen mit und ohne Kindern, z.B. von arbeitserleichternden Maschinen im Vergleich zu denjenigen, die der Freizeitgestaltung dienen. Die relativ gleichmäßige Verteilung läßt deshalb nur höchstens ein geringeres technisches Gesamtniveau bei Kinderlosen, nicht aber Unterschiede in den Verhaltensstilen durch große Differenzen in der Einkommensverwendung erkennen.

2.2 Die innerfamiliale Arbeitsteilung

In familiensoziologischen Untersuchungen wird die innerfamiliale Arbeitsteilung häufig zum Maßstab gewählt, um den Grad der Egalität zwischen den Ehepartnern zu messen und damit Aussagen über eheliche Machtstrukturen zu treffen (Th. Held 1978, S. 145 ff.; E. Lupri und D. L. Mills 1987, S. 35 ff.).

Auch in der vorliegenden Erhebung wurde dieser Weg gewählt. Selbstverständlich kann man dagegen einwenden, daß durch dieses Verfahren nur ein einziges begrenztes Machtverhältnis erfaßt würde und daß man von der Egalität in der Arbeitsteilung nicht auf die Egalität in anderen Beziehungsdimensionen schließen kann. Das ist zweifellos richtig. Nur - im Sinne des kritischen Rationalismus - kann durch den Nachweis der Ungleichheit in der Arbeitsbelastung bereits die allgemeine Gleichheitsthese "zu Fall" gebracht werden. In diesem Sinne sind die folgenden Ausführungen zu verstehen. In vielen empirischen Untersuchungen wurde bereits der Nachweis geführt, daß allgemein die Hausarbeit noch immer geschlechtsspezifisch unterschiedlich in der Familie verteilt ist und daß die Frauen die Hauptbelastung und -verantwortung tragen. Bei einer Differenzierung nach dem Vorhandensein von Kindern und nach der Kinderzahl sind die Ergebnisse, die über die USA berichten, jedoch widersprüchlich. So fanden F. Champbell (1970) und G. Farkes (1976), daß in Familien mit Kindern die Ehemänner eher helfen würden. Dagegen konnte C. C. Perrucci et. al. (1978) keine Korrelation zwischen Kinderzahl und Mithilfe des Mannes finden. Durch eine Schweizer Befragung von 600 Ehepaaren wurde festgestellt, daß sich die Ehemänner von der Übernahme häuslicher Arbeiten zurückziehen, sobald Kinder vorhanden sind, sogar wenn ihre Frauen erwerbstätig sind (Chr. Ryffel-Gericke 1983, S. 106).

Über die Bundesrepublik liegen mehrere, auch repräsentative Erhebungen vor: sie zeigen alle übereinstimmend, trotz unterschiedlicher Erhebungsmethoden, daß eine geschlechtsspezifische innerfamiliale Arbeitsteilung bei uns weiterhin gegeben ist, daß ferner die jungen kinderlosen Ehemänner im Vergleich zu den älteren und zu den Familienvätern sich in etwas stärkerem Maße an den häuslichen Pflichten beteiligen. Die - sowieso geringe - Partizipation nimmt also - wie in der Schweiz - dann noch ab, sobald Kinder da sind. Differenziert man nach der Erwerbstätigkeit/Nichterwerbstätigkeit der Ehefrauen, so wird die berufstätige Frau etwas stärker unterstützt als die nichterwerbstätige, die vollzeitarbeitende eher als die teilzeitarbeitende (vgl. hierzu W. Glatzer und H. Herget 1984, S. 127; S. Metz-Göckel und U. Müller 1986, S. 53; D. Krüger 1986; H.-G. Krüsselberg u.a. 1986; B. Nauck 1987).

Da es unter den kinderlosen Ehefrauen unseres Samples kaum Vollzeithausfrauen gibt (= 1,9 % einschließlich der Ehefrauen der männlichen Befragten), haben wir keine diesbezüglichen Korrelationsberechnungen durchgeführt. Insgesamt weichen unsere Daten nicht von den o.a. Befunden ab. Auch sie zeigen die geschlechtsspezifische innerfamiliale Arbeitsteilung und die stärkere Belastung der Ehefrauen insgesamt und derjenigen mit Kindern gegenüber den kinderlosen Frauen. Auch bei uns ist der Partizipationsgrad der kinderlosen Ehemänner höher als der der Väter.

Mit unseren Daten konnten wir aber darüber hinaus noch detaillierter die quantitativen Unterschiede und die geschlechtsspezifische Verteilung von häuslichen Aufgaben, differenziert nach Ehen mit und ohne Kinder, prüfen.

So zeigt die Tabelle Nr. 4 im Anhang, daß - von wenigen Ausnahmen abgesehen - für die hauswirtschaftlichen Tätigkeiten in den Ehen ohne Kinder im Vergleich zu jenen mit Kindern in stärkerem Maße beide Partner oder die Männer allein verantwortlich zeichnen und daß dementsprechend sehr viel mehr kinderlose Ehefrauen als Mütter bestimmte Arbeiten im Haushalt nicht immer allein zu erledigen haben. Vor allem bei fast allen Routinearbeiten werden sie eher entlastet und am stärksten beim Frühstück machen, Abwaschen und Kochen, und zwar dadurch, daß die Aufgabe der Frühstückszubereitung die kinderlosen Ehemänner an erster Stelle häufiger allein übernehmen und das Kochen in stärkerem Maße von beiden Partnern erledigt wird. Allein bei einigen der nicht täglich anfallenden Arbeiten (bei der Urlaubsgestaltung, der Gartenarbeit, den häuslichen Reparaturarbeiten und dem Schuhputzen) werden die kinderlosen Frauen etwas weniger unterstützt durch ihre Ehemänner als die Mütter.

Ferner übernehmen die kinderlosen Männer häufiger als die Väter auch das Einkaufen; oder umgekehrt: das Einkaufen scheint häufiger in Familien eine gemeinsame Aktivität zu sein, vielleicht ist sogar der wöchentliche Großeinkauf hier als eine Art "familialer Freizeitaktivität" zu deuten, während in kinderlosen Ehen mit ihrem geringeren Bedarf an Nahrung, Putzmittel usw. das Einkaufen nebenbei - und so vom Ehemann - erledigt wird.

Interessant sind die unterschiedlichen Antwortquoten zwischen den Ehepartnern ohne und mit Kindern hinsichtlich der Einkommenszuständigkeit, und man könnte einen Zusammenhang zwischen dieser quantitativen Verteilung und der höheren Beteiligung des Mannes beim Einkaufen vermuten. So verwalten in den Familien etwas häufiger beide Partner das Familieneinkommen (= 62 % zu 57 %), dagegen in den kinderlosen Ehen die Männer (= 11 % zu 17 %) und geringfügig seltener die Ehefrauen allein (= 27 % zu 25 %). Da in der Soziologie (und auch in der Politik) die Verwaltung über die finanziellen Mittel als symbolischer Ausdruck und als faktische Machtausübung gewertet wird, widersprechen diese Daten jedenfalls der Vermutung, daß in kinderlosen Ehen die Gleichheit zwischen den Ehepartnern eher gegeben wäre als in den Familien. Vergleicht man nunmehr die Art der Tätigkeiten, die überwiegend von den Ehefrauen bzw. Ehemännern übernommen werden, so ist deren Rangplatzordnung zwischen den Frauen mit und ohne Kindern ähnlich, wenn auch graduelle Unterschiede durch die stärkere Beteiligung ihrer Ehemänner gegeben sind. Gleiches gilt für die Rangfolge der hauswirtschaftlichen Tätigkeiten zwischen den kinderlosen Ehemännern und den Vätern (vgl. Tabelle Nr. 4 im Anhang).

Den ersten Rangplatz nimmt bei den Frauen die Wäschepflege ein: sie sind fast ausnahmslos hierfür verantwortlich, nämlich zu 94 % in den Familien und zu 80 % in den kinderlosen Ehen.

Mann: *"Wer zuständig ist? Im Großen und Ganzen kann ich sagen, meine Frau ist zuständig für die Wäsche. Also, da misch' ich mich auch nicht ein." (7958572/15)*

Mann: *"ich wasch' keine Wäsche." (8159536/28)*

Mann: *"Ja, äh, Wäsche, bügeln und diese ganzen Geschichten ... äh, da muß ich also zugeben, daß ich da noch immer recht wenig mit zu tun hab'." (80575616/12)*

Übrigens konnten wir in einer international vergleichenden Studie feststellen, daß für die Wäschepflege überall in West- und Ost-, in Süd- und Nordeuropa überwiegend die Frauen zuständig sind und auch unabhängig von ihrer zeitlichen Berufsbelastung. Selbst dort, wo die Wäschereinigung apparativ durchgeführt wird und kaum noch mit ihrer historischen Form vergleichbar ist, nimmt sie bei den Frauen den ersten Rangplatz ein (R. Nave-Herz 1988). Selbst die Technisierung des Arbeitsvollzugs erhöht also selten das Interesse an der Übernahme dieser Tätigkeit seitens der Ehemänner; das gilt also auch für kinderlose Paare.

Warum gerade das Wäsche-Waschen eine "weibliche" Tätigkeit ist, geht aus keiner diesbezüglichen Untersuchung hervor. Einige Hinweise könnte man aus unseren qualitativen Interviews entnehmen, doch die betonte Unfähigkeit klingt nicht sehr überzeugend:

Mann: "Ja, ich bin der Meinung, daß ... also das mit dem Waschen, da gibt's ja so viel verschiedene ... da muß man beachten, welche Stoffe man da zusammentut, welche Farben ... und welche Gradzahl und weiß der Deubel alles ... und dann muß man die Maschine auch noch beherrschen und ... äh ..., also ich mach' ja vieles, ich bügele auch mal 'n Hemd. Ich ... beteilige mich an fast allem, an der Sache nicht." (7958572/16)

Mann: "Ich hab das einmal gemacht, und das ist ... schief gegangen, da paßten mir meine Pullover überhaupt nicht mehr, ich hab' die Sachen zusammengeworfen, und einige waren zu groß dann und einige Pullover waren zu klein, und dann hab' ich meine ... nee, ihre Wäsche völlig verfärbt in rot, also irgendwie so'n Kuckolores. Ja, und da hab' ich gesagt: Nee, also das machst du nicht noch mal. Ich krieg einfach nicht ... die Bestimmung auseinander, welches ist die oder welche Materialien kann ich waschen. Nee, ansonsten mach' ich alles." (8159536/29)

Von den Männern werden an erster Stelle häusliche Reparaturarbeiten erledigt, was ebenso im übrigen in vielen anderen europäischen Staaten der Fall ist (R. Nave-Herz 1988), an zweiter Stelle das Autowaschen (vgl. Tabelle Nr. 4 im Anhang).

Die auch in anderen Untersuchungen festgestellte geschlechtsspezifische innerfamiliale Arbeitsteilung gilt demnach auch für die kinderlosen Ehen trotz des höheren Partizipationsgrades des Ehemannes an fast allen hauswirtschaftlichen Tätigkeiten.

Zur Illustration sei nochmals ein diesbezüglicher Abschnitt aus einem qualitativen Interview mit einem kinderlosen Ehepaar wiedergegeben, da sich hierin fast alles bisher Gesagte zusammenfassend widerspiegelt:

Mann: *"Ja, gut. Fangen wir mal damit an. Morgens, ich bin eher ein Frühmensch, meine Frau kommt morgens nicht ganz so schnell aus dem Bett, aber das ist wohl anlagebedingt, dann machen wir das meist so, daß ich als erster aufstehe und das Frühstück mache ..."*

Frau: *"Hm, kochen."*

Mann: *"Das kommt noch dazu ..."*

Frau: *"Einkaufen auch, ich kauf nicht viel ein, wir kaufen wohl auch gemeinsam ein, aber mein Mann kauft viel alleine ein und, was ich mache, ist dann Wäsche und dann der Hausputz ... Dann kommt (bei Dir) das Auto noch 'n bißchen dazu, obwohl ich das fahre." (lacht) (7147482/15)*

In einem qualitativen Interview wird zudem sehr deutlich ausgesprochen, daß eine Arbeitsteilung u. U. für die Frau Kompetenzeinbußen oder sogar überhaupt keine Entlastung bedeuten könnte:

Frau: *"Gott, weil man ja nur zu zweit ist, mach' ich das vorwiegende; und denn die Küche gehört mir sowieso. Da macht er mir viel zuviel Schweinereien, wenn er da mal was macht." (Lachen) "Naja, so Tischabdecken und Abtrocknen und so ..." (7939463/13)*

Da unsere Daten zwischen den Ehepartnern mit und ohne Kinder nur graduelle quantitative Unterschiede in der Übernahme von hauswirtschaftlichen Arbeiten ausweisen, aber keine neuartigen Verteilungen oder geschlechtstypische Aufgabenbündelungen, würde es eine Überinterpretation bedeuten, hieraus auf unterschiedliche Lebensstile beider Gruppen schließen zu wollen.

Abschließend sei noch erwähnt, daß die Zahl der mit der Arbeitsteilung unzufriedenen Ehefrauen ohne Kinder – trotz der höheren männlichen Beteiligung an der Hausarbeit – etwas größer ist als die der Mütter (5% zu 8 %; s = 0.03; eta = 0.23); ihre Ehemänner dagegen sind mit der häuslichen Arbeitsteilung sehr zufrieden (= 45,8 %), zumindest jedenfalls zufrieden (= 50,8 %). Der Unzufriedenheitsgrad in unserer Untersuchung stimmt im übrigen in etwa mit dem in der repräsentativen Panelerhebung von Glatzer u.a. überein; hier beträgt der Prozentsatz der Unzufriedenen je nach Befragtengruppe zwischen 6,8 % und 8,9 % (W. Glatzer und H. Hegert 1984, S. 130).

Doch - umgekehrt betrachtet - sagen unsere Daten auch aus, daß die weit überwiegende Mehrzahl der kinderlosen Ehefrauen (= 88 %) trotz der nicht bestehenden gleichen Verteilung von Haushaltspflichten zwischen den Ehepartnern mit dieser Mehrbelastung zufrieden ist. Liegt diesem Zufriedenheitsgefühl zugrunde, daß Frauen vielleicht sogar gerne Hausarbeiten übernehmen (eine Perspektive, die in diesbezüglichen Untersuchungen noch nie thematisiert wurde, was u. U. auf die Einstellung der Forscherinnen bzw. der Forscher zur Hausarbeit zurückführbar wäre, aber nicht auf die von ihnen befragten Frauen) oder bedeutet es - worauf M. Gronemeyer (1979, S. 88) hinweist - ein Sich-Abgefunden-Haben mit den scheinbar unabänderlichen Gegebenheiten, ohne Aussicht auf die Entwicklung anderer Alternativen? Unsere Daten geben hierauf leider keine Antwort.

2.3 Die Umweltoffenheit

In den letzten Jahren ist die Frage nach der Umweltoffenheit der modernen Familie Gegenstand vieler theoretischer Erörterungen und empirischer Erhebungen gewesen. Ziel aller dieser Untersuchungen war es, die vielbeschworene "Isolationsthese der modernen Kleinfamilie" zu überprüfen. Alle belegen jedoch übereinstimmend diese Behauptung.

So hat H. Tyrell (1976) in seinem Aufsatz "Probleme einer Theorie der gesellschaftlichen Ausdifferenzierung der modernen Kernfamilie" die vielen empirischen Befunde zusammengetragen, die die Stützung bzw. Widerlegung der Isolationsthese der modernen Kleinfamilie beabsichtigten. Insbesondere ging er in diesem Zusammenhang auf die Mißdeutung des Parsons'schen Isolierungsbegriffes ein.

K.-P. Strohmeier (1983) hat ebenso die Kontroverse von Umweltoffenheit und familialer Isolierung aufgenommen. Seine ausführliche Abhandlung konzentriert sich einleitend vor allem darauf, zu zeigen, daß die als Differenzierungskonzept, also aus makroperspektivischer Sicht entwickelte Isolationsthese, von vielen Autoren einfach auf die mikrosoziologische Ebene "Familienalltag" transponiert und dort als Situationsdefinition modernen Familienlebens interpretiert wurde. Er schreibt wörtlich: "Als Fazit kann an dieser Stelle festgehalten werden: die moderne, privatisierte Kernfamilie ist als gesellschaftliches Teilsystem - analytisch gesehen - strukturell isoliert bzw. funktionsspezifisch (und segmentär) ausdifferenziert. Damit ist jedoch noch keine Aussage auf der mikro-soziologischen Ebene 'Familienalltag' über das Ausmaß der faktischen sozialen Isolation gemacht, die jene Millionen heute lebender Kernfamilien (oder zumindest deren Mehrzahl) beträfe" (K.-P. Strohmeier 1983, S. 38).

Dennoch blieb die Frage bisher unbeantwortet, ob die Umweltoffenheit von Ehepartnern, wenn sie keine Kinder hätten, nicht noch größer wäre. Zudem entspricht es der Alltagsvorstellung - wie G. N. Ramu (1986) zeigte -, daß kinderlose Ehepaare als aktiver, umweltoffener usw. gelten. Es geht also im folgenden nicht darum zu prüfen, ob überhaupt Außenkontakte gegeben sind, sondern ob ihre Frequenz bei Kinderlosen im Vergleich zu den Ehepaaren mit Kindern größer ist.

Einleitend muß einschränkend betont werden, daß wir die Variable "Umweltoffenheit" auf wenige Indikatoren in beiden Untersuchungen reduzieren mußten, nämlich auf die Interaktion mit Verwandten und den Eltern sowie auf die Art der Freizeitaktivitäten. Ihre Selektion läßt sich durch andere empirische Erhebungen begründen, die die Wichtigkeit gerade dieser Variablen zeigten (K.-P. Strohmeier 1983, S. 164 ff.).

2.3.1 Kontakte zu den Verwandten und zu den Herkunftsfamilien

Zunächst sei hervorgehoben, daß unsere Daten die Befunde von R. Fauser (1982), F. Abrahams (1983), K.-P. Strohmeier (1983) und G. Lüschen (1988) bestätigen. Auch unsere Befragten halten zu vielen Verwandten enge Kontakte, noch eher die Ehepaare mit Kindern als jene ohne.

Gegen dieses Ergebnis könnte man jedoch einwenden, daß u. U. die Interviewten bei unserer Frage "Und mit wieviel engeren Verwandten - neben Ihren Eltern - haben Sie Kontakt?" die exakte Zahl nicht immer wissen. Wenn das der Fall sein sollte, dann sind ihre Schätzwerte aber zumindest als Ausdruck des selbst eingeschätzten verwandtschaftlichen Integrationsgrades interpretierbar. Damit wäre aus den Zahlen der Tabelle Nr. 9 ablesbar, daß Kinderlose sich ebenso wie Ehepaare mit Kindern zum verwandtschaftlichen Netzwerk zugehörig fühlen und daß nur insgesamt 7 % der Kinderlosen ihre verwandtschaftliche Isolierung betonen:

Tabelle Nr. 9: Größe des engeren Verwandtenkreises

	1970		1980	
	Kinder-lose	Familien	Kinder-lose	Familien
0	6,0	5,8	7,4	5,6
1 - 10	73,1	66,6	74,7	66,2
11 - 20	12,0	19,1	13,9	19,0
über 20	9,0	9,4	4,3	9,8
(N = 369)	(67)	(118)	(95)	(89)

Die weit überwiegende Mehrzahl der Kinderlosen (= 84 %) sind ferner sehr zufrieden mit der Größe ihres Verwandtenkreises. Nur 15 % wünschen ihn sich größer, übrigens mehr kinderlose Frauen als Männer (17 % zu 10 %).

Weiterhin ist aus unseren Daten - ebenfalls wie aus den bereits zitierten Erhebungen - zu entnehmen, daß zwischen den befragten Ehepaaren und ihren Herkunftsfamilien rege Beziehungen bestehen, wobei die matrilineare Verbindung dominiert. Wenn diese Aussage auch gleichermaßen für die kinderlosen Partner und die Ehen mit Kindern zutrifft, so ist dennoch zu betonen, daß die Kontaktintensität zwischen den Ehepartnern ohne Kinder und ihren Eltern etwas geringer ist als bei denen mit

Kindern. Das gilt vor allem für die jüngere Eheschließungskohorte und im Hinblick auf die Familien des Mannes (vgl. Tabelle Nr. 5 im Anhang).

Man wäre leicht geneigt, aufgrund der höheren Kontaktintensität der Väter und Mütter zu den Herkunftsfamilien im Vergleich zu den kinderlosen Paaren zu behaupten, daß Kinder die Beziehungen zu den eigenen Eltern intensivierten. Aber die zahlenmäßigen Unterschiede scheinen eher auf die Nähe bzw. Ferne des Wohnsitzes der Befragten von dem ihrer Eltern zurückzuführen zu sein.

Die höhere Kontaktintensität der Kinderlosen der Eheschließungskohorte von 1970 mit den Eltern des Mannes kann sich nämlich dadurch ergeben, daß es in unserem 1970er Sample mehr Kinderlose gibt, die mit den Eltern des Mannes in einem Haus zusammenleben (um 6 %).

Ferner wohnen doppelt so viele kinderlose Ehepaare wie Familien nicht am Wohnsitz ihrer Eltern, so daß sie selbstverständlich eine reduzierte Kontaktintensität haben müssen. Ob aus dem höheren Anteil der Kinderlosen, die nicht am gleichen Ort wie ihre Eltern leben, auf einen höheren Grad an Mobilität seitens der kinderlosen Ehepaare geschlossen werden kann, soll in einem der nächsten Abschnitte geprüft werden.

Die Mehrzahl der Befragten ist im übrigen – wie im Hinblick auf die Größe des Verwandtenkreises – zufrieden mit dem Grad ihres Kontaktes zu der Herkunftsfamilie; nur eine Minderheit wünscht sich zu den Eltern eine intensivere Verbindung:

Tabelle Nr. 10: Kontaktzufriedenheit mit den Herkunftsfamilien

Kontakteinschätzung:	zur Familie des Mannes		zur Familie der Frau	
	kinderlos	mit Kindern	kinderlos	mit Kindern
Genügend Kontakt	84,0	81,1	82,1	86,4
Zu wenig Kontakt	13,4	12,4	13,1	8,9
Zu viel Kontakt	2,5	6,5	4,8	4,7
	(145)	(185)	(119)	(191)

Dem intensiveren Kontakt mit der Herkunftsfamilie der Frauen entspricht also auch ein höherer Zufriedenheitsgrad. Zu den Eltern der Männer scheint dagegen eine eher ambivalente Beziehung vorzuherrschen. Jedenfalls sind für 6,5 % der Befragten die bestehenden Kontakte schon zu viel.

2.3.2 Umfang und Art der Freizeitaktivitäten

Wie aus einer Repräsentativbefragung des B.A.T.-Freizeit-Forschungsinstituts hervorgeht, sind für jeden zweiten Mann und für jede dritte Frau unter 30 Jahren Freunde, Sport und Hobbies wichtiger als Ehe, Kinder und Familiengründung (1985, S. 1). Diese Zahlen belegen für H. W. Opaschowski die dichotome Einstellung in breiten Kreisen der Bevölkerung: entweder Freizeit oder Familie. "In allen westlichen Industrieländern", so argumentiert er, "nimmt die Kinderlosigkeit zu, wobei die Bundesrepublik Deutschland den größten Geburtenrückgang aufweist. Dies ist eine zwangsläufige Folge des wachsenden Freizeitindividualismus, nicht selten auch Freizeitegoismus - vor allem der Männer. Die Gefahr einer tendenziell kinderlosen Freizeitkultur zeichnet sich für die Zukunft ab, weil sich in den Vorstellungen vieler Bundesbürger Kinderwunsch und freizeitorientierter Lebensstil weitgehend ausschließen. Befürchtet werden deutliche

Einschränkungen der persönlichen Freizeitinteressen und damit Einbußen an Lebensgenuß. Auf das freie Leben möchten viele so schnell nicht verzichten" (1985, S. 2).

Unsere Daten scheinen diese Behauptung zu bestätigen; denn, schon nach der Kontaktintensität zu ihren Freunden und Bekannten gefragt, geben um 8 % häufiger die Kinderlosen an, daß sie ihre Freunde und Bekannten mehrmals in der Woche treffen. Auch in bezug auf das abendliche Ausgehen zeigte sich der höhere Anteil der Kinderlosen, die angaben, mehrfach in der Woche die Abende nicht zu Hause zu verbringen. Viel höher ist vor allem die Zahl der Kinderlosen, die 1980 geheiratet haben, im Vergleich zu den übrigen Gruppen:

Tabelle Nr. 11: Frage: Wie oft sind Sie in der Woche oder im Monat abends nicht zu Hause, egal aus welchem Grund?

	1970		1980	
	Ehepaare		Ehepaare	
	ohne Kinder	mit Kindern	ohne Kinder	mit Kindern
mehrmals in der Woche	50,0	41,2	71,1	31,8
einmal in der Woche	19,7	32,8	14,4	36,4
mindestens einmal im Monat	18,2	16,0	8,2	18,2
selten	7,6	6,7	5,2	8,0
nie	4,5	3,4	1,0	5,7
(n = 370)	(66)	(119)	(97)	(88)

Man möchte annehmen, daß die Unterschiede zwischen den Jüngeren (= 1980), durch die stärkere Inanspruchnahme der Eltern durch die Kleinkinder bedingt sind, während bei den älteren Ehen (= 1970) wegen des höheren Alters der Kinder, die unterschiedliche Belastung zwischen beiden Gruppen sich auszugleichen beginnt.

Die Angaben über die Häufigkeit der außerhäuslichen Aktivitäten der Kinderlosen scheinen jedoch im Widerspruch zu denen über die Art ihrer Freizeitaktivitäten zu stehen. Sie deuten auf einen viel ruhigeren Lebensstil hin. Um diese Diskrepanz aufzuklären bzw. ihren Aussagewert zu erläutern, muß kurz auf technische Fragen der Erhebungsmethode eingegangen werden.

Wir haben die Ehepaare (vgl. die Frageform in Tabelle Nr. 11) ganz allgemein über ihre häusliche Abwesenheit mit einer Listenvorgabe befragt, dagegen sollten sie in bezug auf ihre Freizeitbeschäftigungen konkret berichten, was sie am Vorabend getan hatten (vgl. Frageformulierung in Tabelle Nr. 6 im Anhang). Aus der Literatur ist hinreichend bekannt (vgl. E. Scheuch 1972; R. Nave-Herz 1976; B. Nauck 1983), wie empfindlich gerade Freizeitangaben gegenüber Erhebungstechniken sind und daß bei allgemeinen, nicht realitätsbezogenen Antworten - wie bei der ersten Frageformulierung - der Proband im Interview häufig verwechselt, was er in der Freizeit getan hat, mit dem, was er gern tun möchte oder nach eigenem Selbstverständnis hätte tun sollen. Gerade zu dieser zuletzt genannten Antwort sollte unsere Frage nach dem abendlichen Ausgehen (vgl. Tabelle Nr. 11) stimulieren; denn wir wollten durch den Vergleich beider Fragen Unterschiede bei den Kinderlosen zwischen der Selbstwahrnehmung in bezug auf ihren Lebensstil und ihrem faktischen Verhalten messen.

In den qualitativen Erhebungen wurden nämlich solche Widersprüche offenbar.

Beispiel:

Frau: *"Man kann viel spontaner planen."*

Mann: *"Das sehe ich schon an unseren Nachbarn, hier ... da dreht sich alles nur um die drei Kinder."*

Frau: *"Wir können sonntags morgens sagen: so, jetzt geh'n wir zum Schwimmen oder ... wir sagen abends: ach, jetzt können wir 'mal auf 'n Bier in die Stadt gehen. Und wenn man Kinder hat ... (59)*

An anderer Stelle heißt es jedoch:

Frau: *"... dann kommt er von der Arbeit ... also bei mir hat's ein Jahr gedauert, bis ich mich daran gewöhnt hab', daß er kam, kaum was sagte, sich hinsetzte und ... rums Zeitung! Also ...". (81595811/18)*

So zeigt auch die Tabelle Nr. 11 über die Freizeitaktivität allgemein im Gegensatz zu Tabelle Nr. 6 (im Anhang) über die gestrige Feierabendbeschäftigung, daß für die oberen Rangplätze gerade von Kinderlosen solche Aktivitäten angegeben werden, die im häuslichen Bereich stattfinden: Fernsehen, sich den Hobbies widmen, Hausarbeiten erledigen. Diese Feierabend-Beschäftigungen lassen also eine starke Privatisierung der Freizeit erkennen.

Interessant ist ferner (vgl. Tabelle Nr. 6 im Anhang), daß in allen vier Befragten-Gruppen das Fernsehen den Spitzenplatz einnimmt. Die Daten stimmen hierin mit anderen empirischen Erhebungen über familiale Freizeitaktivitäten überein (vgl. R. Nave-Herz 1976; R. Nave-Herz und B. Nauck 1978). Nebenbei sei vermerkt, daß nicht unbedingt der Häufigkeits- mit dem Beliebtheitsgrad korrelieren muß und daß - trotz der hohen Nutzung dieses Massenmediums - bisher wenig über seine Funktion im familiären Kontext bekannt ist. Sieht man sich zusammenfassend alle Rangplätze der am häufigsten genannten Freizeit-Aktivitäten an, die am Vorabend ausgeübt wurden, so muß betont werden, daß bei allen Befragten, gleichgültig wann sie geheiratet haben und ob sie Kinder haben oder nicht, Freizeit zur Entspannung oder zu hauswirtschaftlichen Pflichten genutzt wird, eher also, um sich aus dem öffentlichen Leben zurückzuziehen und um intensiver in der eigenen Primärgruppe zu leben als verstärkt öffentliche Einrichtungen (Theater, Kinos, Sportstätten u.a.m.) zu besuchen.

Auch die Antwortquoten auf die konkrete Frage nach dem Urlaub zeigen, daß 26 % der Kinderlosen - gerade der jüngeren Eheschließungskohorte - ihn nicht zum Reisen nutzt, sondern daß sie ihn zu Hause verbringen (1970 = 12 %; eta: 0.23).

So gilt also nicht nur für die Familien, sondern auch für die Kinderlosen - gleichgültig, auf welchem Grund diese Kinderlosigkeit beruht - gleichermaßen der Satz von E. K. Scheuch: "Nicht

Betäubung durch übermäßige Aktivität und Beschäftigungswut ist kennzeichnend für die Nutzung von freier Zeit, sondern eher ein undramatisches Dahinleben" (1972, S. 26).

Selbst aber schreiben sich die Kinderlosen - wie am Anfang dieses Kapitels gezeigt - einen aktiveren und außerhäuslicheren Lebensstil zu als sie ihn praktizieren. Diese Diskrepanz zwischen Selbstkonzept und faktischem Verhalten bei kinderlosen Paaren ist im übrigen auch in einer Reihe von amerikanischen bzw. kanadischen Erhebungen festgestellt worden (vgl. hierzu J. E. Veevers 1980; G. N. Ramu 1985).

Das Bild einer "kinderlosen Freizeitkultur" - was H. W. Opaschowski befürchtet (vgl. das Zitat auf S. 71), wird also nicht durch die kinderlosen Ehepartner geprägt. In der Ehe - gleichgültig ob Kinder vorhanden sind oder nicht - praktiziert man überwiegend einen häuslichen Freizeitstil.

2.3.3 Eine soziale Segregation der kinderlosen Ehe?

Wir gingen ferner von der Annahme aus, daß kinderlose Ehepaare eher "unter sich bleiben" würden, weil das Vorhandensein von Kindern andere Interessen und damit auch andere Gesprächsinhalte bedingen könnte. Sehr deutlich wurde dieser Sachverhalt in den qualitativen Interviews ausgesprochen:

Beispiele:

Mann: *"... wenn wir also Leute besuchen, die Kinder haben, ... das dauert gar nicht lange, dann erzählen die den ganzen Abend über ihre Kinder. Und ... äh andere Themen auf den Tisch zu bringen, ist relativ schwierig. Frau und Schwangerschaft, Geburt und das alles, das sind ja auch ganz, ganz prägende Ereignisse, und da wär' man selber vielleicht gar nicht 'mal anders, dann hätt' man wahrscheinlich auch ein unheimliches Mitteilungsbedürfnis so. Aber wenn man das dann ... also 'n paar Mal so, weil ja eben mehrere Leute sind, die inzwischen Kinder haben ... Oder daß die Kinder ... äh im Mittelpunkt stehen, und daß also, wenn man sich unterhält, das Kind, das braucht nur anzukommen, funkt dazwischen, und ... dann als Erwachsener haste nichts mehr zu sagen, dann ist erst mal das Kind dran ... Und das sind so Sachen, die ... einen manchmal so'n bißchen auf die Palme bringen, daß dann also nur noch Kind, Kind, Kind." (80575616/38).*

Mann: "Und irgendwann ging uns das auch wirklich auf 'n Geist, das muß ich mal ganz krass sagen, man hatte ja kein Gespräch mehr ..., ohne daß da Kinder durchgehechelt wurden. Und man konnte denen überhaupt nichts entgegensetzen, wir haben ja nun mal keine." (69434217/25)

Frau: "Also deswegen hatt' ich also nie Lust dazu, mich nachmittags zu treffen ... mit mehreren Frauen, weil die doch nur über Kindererziehung gesprochen haben." (69494621/29)

Auch andere Befragte berichteten über ähnliche Erfahrungen. Sie entschieden sich aber dennoch nicht, die Verbindung zu diesen Bekannten und Freunden zu lösen. So gab nur 1 % der Befragten ohne Kinder in der quantitativen Erhebung an, daß alle ihre Freunde ebenfalls kinderlos wären. Bei 79 % haben einige ihrer Bekannten Kinder, bei 20 % sogar alle ($s = 0.001$; $eta = 0.34$). Von einer gesellschaftlichen Segregation der Kinderlosen kann also nicht gesprochen werden.

Dennoch scheinen Kinder in den Freundschaftsbeziehungen eine Veränderung zu bewirken, weil 17 % der befragten Kinderlosen angaben, daß durch die Geburt von Kindern diese Kontakte unterbrochen worden wären. Dagegen haben die Ehepaare mit Kindern häufiger noch den gleichen Freundeskreis wie am Anfang ihrer Ehe (= 85 % zu 73 %). Unterstellt man, daß mit den beiden Befragtenkohorten ehephasenspezifische Unterschiede gemessen wurden, dann ist aus unseren Daten zu entnehmen, daß 15 % der Mütter und Väter ihren früheren Bekanntenkreis in den ersten 5 bis 6 Jahren aufgaben, im weiteren Verlauf nur noch 1 %, während 25 % der Kinderlosen schon in der ersten Phase nicht mehr mit ihren ursprünglichen Freunden zusammen waren und dann im weiteren

Verlauf noch weitere 5 % den Kontakt zu ihren früheren Bekannten verloren. Daß bei den Kinderlosen die alten Freundschaftsbeziehungen eher unterbrochen worden sind als bei den Eltern, mag u. U. gerade auf den Tatbestand der Kinderlosigkeit zurückzuführen sein, der sich nämlich als Belastungsfaktor in bestehenden zwischenmenschlichen Beziehungen erweisen könnte. Insbesondere in der ersten Zeit nach der Eheschließung könnte nämlich ihre Kinderlosigkeit seitens ihrer Umwelt als abweichendes Verhalten gegolten haben, gegen das man mit entsprechenden negativen Äußerungen "vorging". Auf derartige Diskriminierungserfahrungen und vermutete Vorurteile seitens der Kinderlosen wird in Kapitel III.1.3 näher eingegangen.

Wenn auch keine soziale Segregation in dem Sinne aus unseren Daten ablesbar ist, daß Kinderlose nur zu anderen Kinderlosen freundschaftliche Beziehungen unterhalten, so könnte dennoch der Tatbestand gegeben sein, daß ihr Bekanntenkreis reduzierter ist, als sie es sich wünschen, weil die Verbindung zu weiteren Familien nicht gelingt. Wir haben deshalb auch die Frage nach der Zufriedenheit mit der Größe des Bekanntenkreises gestellt.

Tabelle Nr. 12: Frage: Und ist Ihr jetziger Bekannten- und Freundeskreis Ihnen groß genug oder wünschen Sie sich einen kleineren oder größeren?

	1970		1980	
	ohne Kinder	mit Kindern	ohne Kinder	mit Kindern
groß genug	83,1	81,5	78,3	70,9
kleiner	1,5	4,2	5,4	4,7
größer	15,4	14,3	16,3	24,4
	(65)	(119)	(92)	(86)

Vor allem also die Eltern mit kleineren Kindern und nicht die Kinderlosen wünschen sich einen größeren Bekanntenkreis. Die o.a. Zufriedenheits-/ Unzufriedenheitswerte gelten im übrigen nicht für beide Geschlechter gleichermaßen. Noch etwas zufriedener mit der Größe ihres Bekanntenkreises sind nämlich die kinderlosen Frauen als die kinderlosen Männer (83 % zu 77 %). Sie sind es auch, die in stärkerem Maße einen vom Partner unabhängigen Bekanntenkreis besitzen (55 % zu 38 %). Gleiches gilt für die verheirateten Frauen mit Kindern im Vergleich zu den Vätern, und zwar ist ihre individuelle Umwelt-Partizipation sowohl nach der Eheschließung als auch nach der Geburt des ersten Kindes höher und hat im Zeitablauf von 1950 bis 1980 zugenommen (vgl. hierzu ausführlicher R. Nave-Herz 1988).

Die Frage, warum häufiger die Frauen im Vergleich zu den Männern einen vom Partner unabhängigen Freundes- und Bekanntenkreis besitzen, ist mit unseren Daten nicht zu beantworten. Verursachend hierfür kann nicht der Hausfrauen-Status und ein damit verbundener höherer Wunsch nach Außenkontakten sein. Denn die kinderlosen Ehefrauen und auch ein Teil der Mütter sind erwerbstätig und für sie gilt dieser Tatbestand gleichermaßen.

2.4 Die regionale und berufliche Mobilität

Zur Prüfung der Alltagsvorstellung über den höheren Mobilitätsgrad kinderloser Ehepaare haben wir mehrere Fragen formuliert, von denen wir annehmen, daß sie reales Verhalten zu messen in der Lage sind. Denn die Häufigkeitsangaben von Umzügen, des Betriebs- und Berufswechsels werden vermutlich keinen größeren Verzerrungen durch das Erinnerungsvermögen unterliegen; zumindest jedenfalls an den Tatbestand, ob man überhaupt jemals umgezogen ist, den Betrieb oder Beruf gewechselt hat, wird man sich wohl zuverlässig erinnern können (vgl. Spalte 1 der Tabelle Nr. 13).

Die Ergebnisse sind zunächst nicht eindeutig: Auf den ersten Blick hin scheinen sich die Kinderlosen in bezug auf die Wohnung etwas häufiger als Ehepaare mit Kindern während ihrer Ehezeit verändert zu haben, aber schließlich antworten 3 % mehr der Familien, daß sie schon mehr als dreimal umgezogen seien. Weiterhin hat eine größere Zahl von Kinderlosen den Betrieb sehr häufig gewechselt, aber gleichzeitig ist bei ihnen die Quote

Tabelle Nr. 13: Frequenzen des Wohnungs- und Berufswechsels - in % -

Art des Wechsels:		noch gar nicht	1 x	2 x	3 und mehr	
Umzug	Kinderlose	23	40	23	14	= 100 % (n = 164)
	mit Kindern	28	31	24	17	= 100 % (n = 209)
Berufswechsel	Kinderlose	78	17	2	3	= 100 % (n = 155)
	mit Kindern	72	22	4	2	= 100 % (n = 209)
Betriebswechsel	Kinderlose	54	19	12	15	= 100 % (n = 163)
	mit Kindern	52	29	13	6	= 100 % (n = 208)

höher als bei den Ehepaaren mit Kindern, die angeben, immer im gleichen Betrieb geblieben zu sein. Da vor allem die Quoten der Kinderlosen und der Familien nicht besonders stark divergieren, die angeben, noch nie umgezogen zu sein sowie noch nie den Betrieb bzw. den Beruf gewechselt zu haben (vgl. die Spalte 1 der Tabelle Nr. 13), belegen unsere Daten insgesamt nicht die These von dem höheren Mobilitätsgrad kinderloser Ehepaare.

Dieser Sachverhalt steht wiederum im Widerspruch zu ihrer Selbstwahrnehmung. Um auch in bezug auf die These über die größere Mobilität kinderloser Ehepaare die – in amerikanischen Untersuchungen festgestellte – Diskrepanz zwischen Selbstkonzept und faktischem Verhalten zu testen, haben wir nach der Einschätzung ihres eigenen Grades an Mobilität im Vergleich zu Familien gefragt. 82 % schätzen sich selbst als mobiler gegenüber Ehepaaren mit Kindern ein. Also auch in bezug auf den Mobilitätsgrad stimmen bei vielen kinderlosen Ehepaaren faktisches Verhalten und Selbstkonzept nicht überein. Auf mögliche Gründe für diese Diskrepanz wird später – in Kapitel III.3. – eingegangen.

2.5 Die kinderlose Ehe und die mit Kindern: zwei unterschiedliche Systemtypen?

Wie in Kapitel II beschrieben, geht das Pluralitätskonzept davon aus, daß die kinderlose Ehe sich als eine alternative Lebensform zur Familie im Zuge des Modernisierungsprozesses herausgebildet habe, d.h. beide werden als zwei unterschiedliche gesellschaftliche Systeme mit je eigener Qualität definiert.

Mit dem Begriff "System" soll hier betont werden, daß dieses gedankliche Konstrukt nicht nur als Summe von Elementen (oder Systemmitgliedern) zu sehen ist, sondern daß mit wachsender Komplexität das Verhältnis von Element und System sich qualitativ verändert, da dem System bestimmte Systemeigenschaften und -fähigkeiten zugeschrieben werden, die je nach Systemtyp variieren. Für die Familie und die kinderlose Ehe müßten demnach bei einer systemtheoretischen Beschreibung hierin Unterschiede feststellbar sein.

Aus forschungspragmatischen Gründen konnten nur wenige Ausschnitte von den drei Hauptmerkmalen sozialer Systeme (Ziel/Struktur/Grenze) behandelt werden. Unsere Analyse konzentrierte sich allein auf die äußeren Rahmenbedingungen (= Wohnung und technische Haushaltsausstattung), auf Teile der Systemorganisation (= Arbeitsteilung) und auf die Umweltoffenheit, d.h. auf einen Ausschnitt der interdependenten Beziehungen zwischen dem System und seinen relevanten Out-Systemen.

Es hat sich herausgestellt, daß es in den materiellen Rahmenbedingungen Unterschiede während der ersten Familienphase zwischen den kinderlosen Ehepaaren und jenen mit Kindern gibt, daß diese sich aber im Laufe der Ehebiographien angleichen. Die besseren Wohnungssituationen und die umfangreicheren technischen Ausstattungen des Haushaltes der Kinderlosen und die damit verbundene Zeitersparnis sowie der technische Arbeitsvollzug führt aber zu keiner bzw. nur geringer Veränderung in der Systemorganisation. An der innerfamilialen Arbeitsteilung partizipieren zwar die kinderlosen Ehemänner etwas stärker als die Väter; von einer egalitären Übernahme von Haushaltspflichten kann jedoch nicht gesprochen werden. Ferner waren nur graduelle Unterschiede erkennbar, aber keine neuartigen Aufgabenverteilungen zwischen den Ehepartnern oder gar eine andere geschlechtstypische Aufgabenbündelung. In bezug auf die Freizeitaktivitäten und überhaupt im Hinblick auf die Umweltoffenheit - sei es zu Bekannten, Freunden, Verwandten und zu den Eltern -, auch im Mobilitätsgrad sind keine Unterschiede zwischen den Ehepaaren ohne und jenen mit Kindern feststellbar.

Da in keiner der untersuchten Dimensionen der beiden gedanklich konstruierten Systemtypen gravierende Unterschiede festgestellt werden konnten, ist die heuristische Teilung zwischen dem System "Familie" und dem System "kinderlose Ehe" in der - selbstverständlich nur ausschnitthaft untersuchten - Realität nicht bestätigt worden, und damit ist auch die These nicht länger haltbar, daß sich die kinderlose Ehe als eine neue Lebensform im Zuge des Modernitätsprozesses mit seiner individuellen Optionssteigerung herausgebildet hätte.

3. Besondere mögliche Problemfelder kinderloser Ehepaare

3.1 Empfundene Vorurteile und Diskriminierungen

Wenn man davon ausgeht, daß durch repräsentative Umfragen öffentliche Einstellungen gemessen werden können, dann geben derartige Daten einen gewissen Meinungswandel über die Bedeutung von eigenen Kindern für die Lebens- und Ehezufriedenheit wieder.

Noch 1978 stimmten 32 % der Befragten in einer repräsentativen Erhebung dem Statement zu, daß "eine Frau Kinder haben muß, um glücklich zu sein". Bis 1984 sank der Anteil auf 23 % (Institut für Demoskopie Allensbach 1985, S. 156 ff. Über Männer wurde symptomatischerweise diese Frage leider nicht gestellt.)

Ferner gaben 1972 47 % der Interviewten an, daß Ehen mit Kindern glücklicher wären als kinderlose; 1984 nur noch 42 %. Weiterhin hat sich in der Bundesrepublik in dem letzten Jahrzehnt die Meinung verstärkt durchgesetzt, daß das Kinder-Haben nicht von so ausschlaggebender Bedeutung für eine Ehe- und Lebenszufriedenheit ist (1972 = 44 %; 1984 = 52 %). Ob aber der Bedeutungsverlust von Kindern für die Ehezufriedenheit in der öffentlichen Meinung damit gleichzeitig - wie in Massenkommunikationsmitteln zuweilen zu lesen - zu einer Aufwertung der kinderlosen Ehe geführt hat, sie u. U. zu einer zunehmend bewußt gewollten und geplanten Lebensform wurde, hierüber sagen derartige Umfragedaten nichts aus.

Doch die These über die zugenommene Pluralität von Lebensformen und über die gestiegenen Optionen für den Einzelnen heute setzt voraus, daß die Wahlfreiheit nicht durch bestimmte soziale Mechanismen - z.B. durch öffentliche Diskriminierungen der einen Lebensform (wie in Kapitel II.1 beschrieben) - in der Realität mehr oder weniger stark außer Kraft gesetzt ist; sie also nur formal existiert. Deshalb – so wurde in der theoretischen Einführung begründet – wird dieser Frage ein gesondertes Kapitel gewidmet.[6)]

Sieht man die empirischen Erhebungen aus den USA und Australien über Vorurteile gegenüber kinderlosen Ehen durch, so überwiegen zwar die negativen Äußerungen, aber insgesamt mußten ihre Autoren doch eine sehr ambivalente öffentliche Einstellung registrieren: An erster Stelle wird kinderlosen Ehepartnern von Frauen und von Männern, von Verheirateten und Unverheirateten Egoismus vorgeworfen, an zweiter Stelle wird ihr freierer Lebensstil als positiv benannt, an dritter Stelle die mögliche Einsamkeit im Alter hervorgehoben (vgl. z.B. M. Fabe und N. Wikler 1979; W. J. Calhoun 1983, S. 87; L. G. Calhoun und J. W. Selby 1980, S. 181 ff.). Über die Bundesrepublik gibt es eine Erhebung vom Allensbacher Institut für Demoskopie aus dem Jahr 1978, die ebenfalls die Ambivalenz in der öffentlichen Meinung über kinderlose Ehen widerspiegelt: so bescheinigten ihnen nur ca. 10 % eine soziale Einstellung, 60 – 70 % hoben hervor, daß kinderlose Ehepartner schneller eine Wohnung finden, finanziell besser gestellt seien, schöne Urlaubsreisen machen und überhaupt viel ausgehen und unternehmen würden; aber ca. 35 % warfen ihnen Egoismus vor (1983, S. 95).

Demgegenüber betonte die Mehrzahl der von uns befragten kinderlosen Ehepaare schon in der qualitativen Erhebung explizit, nicht mit Vorurteilen belegt zu werden. Die quantitativen Daten bestätigten diesen Befund; denn nur ca. 1/3 berichteten insgesamt von Diskriminierungserfahrungen; übrigens stoßen sie eher im öffentlichen als im verwandtschaftlichen Bereich auf Vorurteile und stärker jene, die ihre Kinderlosigkeit bewußt gewählt haben. Interessant ist der Tatbestand, daß selbst diejenigen, bei denen eine ihrer Entscheidung enthobene Kinderlosigkeit vorliegt, zu 35 % Diskriminierungserfahrungen besitzen, sogar durch die Verwandten, die vermutlich den Tatbestand der unfreiwilligen Kinderlosigkeit kennen müßten.

Wenn über negative Äußerungen in bezug auf die Kinderlosigkeit berichtet wurde, dann übrigens nicht nur von Frauen, sondern auch von Männern, also hierin scheint eine gewisse historische Veränderung abgelaufen zu sein (vgl. Kap. I.1).

Die Art der Diskriminierungen, die nur die Minderheit der kinderlosen Ehepaare überhaupt betrifft, reicht seitens der Freunde, Kollegen und Nachbarn von einfachen anzüglichen Bemerkungen über offen gezeigtes Mitleid bis hin zum Vorwurf des Egoismus, des "Doppelverdienertums", zur Aberkennung eines Anrechtes auf Rente.

Beispiele:

Frau: *"Also, zumindest im Bekanntenkreis heißt es dann schon mal: Ja, Ihr Doppelverdiener und so'n Schnacks". (805459/3/29)*

Mann: *"... und wenn man mal über Erziehung redet, dann heißt das: Du kannst gar nicht mitreden. Du hast ja gar keine!" (805459)*

Frau: *"Wir hatten ja unseren fünfjährigen Hochzeitstag jetzt gehabt in diesem Jahr ... diese berüchtigte Ochsenhochzeit. Also wir können da Zettel zeigen ..., die wir da gekriegt haben. Und ... äh ... die Anzweiflung der Manneskraft und ich weiß nicht, was noch alles ... äh ... also mitunter piekt das dann doch so'n bißchen. Also das ist ... äh ... einfach banal, das ist blöde Schnackerei ... so Spitzen ... so diese Bemerkungen ... Da läuft aber eigentlich nicht 'ne Diskussion, Auseinandersetzung". (80575616/36)*

Differenziert nach dem Alter der kinderlosen Ehepartner berichten die Jüngeren zwar etwas stärker von Diskriminierungen, aber die Daten weisen keine statistisch signifikanten Unterschiede auf. Allein die Rentenaberkennung wird häufiger gegenüber den Älteren geäußert (eta 0.20).

Wenn man jedoch die qualitativen Interviews derjenigen, die um 1950 geheiratet haben, hinzuzieht, dann wird in ihnen häufiger und ausführlicher berichtet, welchen drastischen Bemerkungen beide Ehepartner wegen ihrer Kinderlosigkeit ausgesetzt waren.

Beispiele:

Int.: *"Und sind Sie .. aufgrund der Kinderlosigkeit irgendwann mal, vielleicht auch gerade zu Beginn der Ehe ... irgendwie negativ be-*

handelt worden, daß mal irgendwelche Bemerkungen gemacht wurden?"

Frau: *"Ich war früher ziemlich eigen, also ich ließ mich nicht gerne anfassen, da hat man mal in der Firma zu mir gesagt ..., wir hatten ja 'n Haufen Setzer und Drucker und so etwas in der Firma, junge Männer .., die haben dann gesagt: Also Du bist 'n bevölkerungspolitischer Blindgänger." (50252633/27)*

Mann: *"... Sie kennen das ja, sind verheiratet, dann spekuliert die ganze Nachbarschaft ist da jetzt was unterwegs und so ... äh ... da stecken ja alle Nachbarn denn so die Köpfe immer zusammen und ... da ging 'n Jahr ins Land und noch mehr, und dann wurde sie immer wieder eingekeilt ... wie ist es denn jetzt, und da hat sie gesagt: Ja, ich trag 'n Elefanten in mir aus. Aus Jux, weil die ja 'ne längere Zeit brauchen ..."*

Frau: *"Es gibt so 'ne und solche Leute. Ich mein'... direkt benachteiligt wohl nicht, aber manchmal da wird man doch von denen, die Kinder haben, ... 'n bißchen schief angeguckt und .... manchmal da kommen solche Bemerkungen: Ach, a taube Nüßsche. (lacht etwas) Eine taube Nuß. Und ... ach, was wißt ihr denn schon, Ihr habt ja keine Kinder. Das gibt es auch. Aber da muß man sich mit abfinden."*

Mann: *"Doch, ich hatte mal 'n Kollegen, der sagte, Kinder wären die beste Altersversorgung. Da hab ich gesagt, dann nimm mal gleich 'n Kredit auf Deine Kinder."*

Frau: *"Ja, oder ... sagen: Ach, was habt Ihr denn schon zu tun, Ihr habt ja keine Kinder. Kein Kind und kein Rind, was wollt Ihr denn überhaupt. Äh .. manche die sprechen einem direkt ... die ... äh Lebensqualität ab, oder manche die sagen dann: Ach, Ihr habt ja nichts zu tun auf der Welt, wenn Ihr keine Kinder habt. Das sind eben Ansichten." (31/57/58)*

Derartige offen geäußerte und vor allem z. T. auch derb formulierte Herabsetzungen sind in den

Interviews der jüngeren Eheschließungskohorte nicht mehr häufig zu finden. Die Form der Diskriminierung und ihre Stärke scheint sich zeitgeschichtlich verändert zu haben.

Die von Verwandten (ohne Eltern) ausgesprochenen Diskriminierungen beziehen sich interessanterweise seltener auf die Frage der Rente, dagegen sehen sich die kinderlosen Paare durch "dauernde Fragerei" von ihnen sehr häufig belästigt (= 63 % gegenüber 5 % der Bekannten). Zur Verwandtschaft zu zählen, scheint also bei uns auch zu heißen: eine bestimmte Intimitätsgrenze nicht wahren zu müssen.

Im übrigen richten sich diese Fragen seitens der Verwandten vor allem an die Jüngeren (eta 0.44). Gleiches gilt für die anzüglichen Bemerkungen (eta 0.38), dem Vorwurf des Egoismus (eta 0.30) und der Aberkennung der Rente (eta 0.21). Bei den Jüngeren scheint also die Hoffnung der Verwandten noch größer zu sein, sie durch "Nachhelfen" eher zur "Normalität" zu führen.

Aus der Sicht der befragten Ehepaare scheinen ihre Eltern den Tatbestand der Kinderlosigkeit überwiegend zu akzeptieren. Nach dem Alter differenziert werden auch hier wieder eher die Jüngeren von ihren Eltern auf ihre Kinderlosigkeit häufiger angesprochen (eta 0.29); ansonsten sind keine weiteren bedeutenden alters- oder geschlechtsspezifischen Unterschiede festzustellen.

Vor allem unter denjenigen, die ihre Kinderlosigkeit bewußt geplant haben, vermuten viele eine stillschweigende Übereinkunft, Akzeptanz oder sogar Befürwortung ihres Entschlusses durch die Eltern. Einige wenige wiederum registrieren den möglichen Anspruch seitens der "verhinderten" Großeltern und wehren ihn betont ab:

Beispiele:

Frau: *"Wir können uns doch nicht Kinder anschaffen, nur damit jemand Oma wird!" (8039/29)*

Frau: *"Also meine Mutter hat das eigentlich immer sehr bedauert. Oder meine Eltern. Mein Vater ist vor drei Jahren gestorben. Meine Mutter hätte ganz gerne ... noch mehr gehabt. Hat mich auch immer be-*

drängt und gesagt: Mensch, da war doch jetzt was mit künstlicher Befruchtung, und willste dir das nicht mal überlegen und ... Mittlerweile macht sie's nicht mehr, weil wir auch mal ganz offen drüber gesprochen haben. Aber sie hat eigentlich die Hoffnung lange Jahre nicht aufgegeben. Hätte wohl gern noch mehr Enkelkinder gehabt. Ja, ich meine so von fünf Kindern nur fünf Enkelkinder ist nicht viel." (70454622/29)

Verbunden mit den niedrigen Werten eines "aktiven Protestes" (z.B. in Form von Vorwürfen) deuten diese Zahlen darauf hin, daß viele Eltern sehr resignativ auf ihre Großeltern-Rolle verzichten, die viele von ihnen jedoch - nach Ansicht der Befragten - gerne übernehmen würden. Hier wären gezielte Untersuchungen interessant, die diesen von den Interviewten vermuteten Einschätzungen nachgehen, die gleichzeitig die subjektive und objektive Lage der statistisch zunehmenden Zahl von "verhinderten Großeltern" erfassen.

Die Tabelle Nr. 7 im Anhang geht der Frage nach, ob die Befragten negative Einschätzung in besonderem Maße von den Eltern der Frau oder des Mannes vermuten. Sie zeigt, daß fast alle Angaben bilateral verlaufen, aber bei den Eltern der Frau etwas stärker positive, bei den Eltern des Mannes eher negative Einstellungen vermutet werden. Damit bestätigt sich erneut, daß eine innere Verbundenheit mit der mütterlichen Linie gegeben zu sein scheint. Die Frage, ob der im vorhergehenden Kapitel festgestellte intensivere Kontakt mit der Herkunftsfamilie der Frau und auch der höhere Zufriedenheitsgrad mit dieser Beziehung Folge oder Ursache der vermuteten unterstützenden Einstellung zu ihrer Kinderlosigkeit ist, können unsere Daten nicht beantworten.

Abschließend bleibt festzuhalten: Eine Diskriminierung und damit Abwertung der kinderlosen Ehe kann die Funktion haben, zur Aktualisierung und Stabilität bestehender Normalität beizutragen, also die Kernfamilie normativ zu stützen. Wenn nur wenige der Betroffenen über offene und subjektiv empfundene Diskriminierungserfahrungen berichten und diese im Zeitvergleich, nämlich zwischen 1950 und 1980, noch seltener geworden sind, könnte man hieraus schließen, daß der kinderlosen Ehe heute nicht nur mit einer größeren Selbstverständlichkeit begegnet wird, sondern daß sie – mehr oder weniger – die gleiche soziale Anerkennung wie die Ehe mit Kindern besitzt. Doch zwei Fragen bleiben damit unbeantwortet: Könnte nicht die Stärke der Diskriminierung – wie aus den qualitativen Interviews zu entnehmen war – nachgelassen haben, wodurch die Betroffenen heute eher in der Lage sind, diese Abwertung – bewußt oder unbewußt – zu übersehen? Oder: Gilt u. U. auf ideologischer Ebene "Ehe mit Kind/ern" als *das* Normalitätsmuster im biographischen Verlauf, und besitzt dieses Lebensmuster vielleicht heute eine so hohe Idealisierung, daß eine Abwertung des Alternativ-Status "kinderlose Ehe" zur Stabilisierung der Kernfamilie gar nicht mehr notwendig ist? Wie stark die Kernfamilie als einzig "richtige" Lebensform selbst für die Kinderlosen gilt, soll im Hinblick darauf geprüft werden, ob und welche Verarbeitungsprobleme Ehepartner mit ihrer Kinderlosigkeit haben, differenziert nach den verursachenden Bedingungen ihrer Kinderlosigkeit.

3.2 Verarbeitungsprobleme von Kinderlosigkeit

Es bedarf kaum der Erwähnung, daß der Tatbestand der Kinderlosigkeit je nach den zugrunde liegenden verursachenden Bedingungen für die Betroffenen eine unterschiedliche subjektive Bedeutung besitzt.

In der Literatur wird überwiegend auf die psychischen Auswirkungen der *medizinisch bedingten* Kinderlosigkeit eingegangen und auf die starken seelischen Belastungen der Frauen und auf ihren hohen persönlichen Einsatz zur Überwindung der Kinderlosigkeit (vgl. z.B. L. Gienauth 1974; L. Hagoel u.a. 1986; R. Matthews und A. M. Matthews 1986; S. K. Houseknecht 1987). Im folgenden soll deshalb zunächst ausführlicher auf diese Form der Kinderlosigkeit und ihre Folgen für die Betroffenen eingegangen werden.

In Kapitel III.1.1 wurde bereits erwähnt, daß zwischen den Generationen in der Einstellung zu ihrer medizinisch bedingten Kinderlosigkeit Unterschiede gegeben zu sein scheinen und daß diejenigen, die 1950 geheiratet haben, diesen Tatbestand in den qualitativen Interviews eher im Sinne von Schicksal definierten und akzeptierten.

Beispiel:

Mann: *"Ja, ich hatte mir natürlich auch vorgestellt, daß wir Kinder hätten, aber ich richte mich nach den Notwendigkeiten, und wenn es eben so ist, dann akzeptier' ich das ... wie gesagt, es sollte nun nicht sein." (10141232/33)*

In den folgenden Aussagen wird deutlich, wie die Trauer durch die Selbsttröstung zu überwinden versucht wurde:

Frau: *"... aber abgesehen davon ... Mein Mann war so lange in Rußland und weiß, was Menschen Menschen antun können. Und ... äh ... was nicht kommt, muß nicht gehen und wird nicht gequält ... Dieser Auffassung war er, und das ... hab' ich auch mit übernommen, die Ansicht." (31/7)*

Frau: *"Das (haben) wir gar nicht so empfunden ..., daß uns nun 'ne Ecke fehlt ... Wir haben's nicht gehabt ..., und wenn man vielleicht noch 'n Kind gehabt hätte und das wäre einem verloren gegangen, dann hätte man vielleicht noch viel mehr darunter gelitten." (30/35)*

Zuweilen wußten diese Ehepaare noch nicht einmal den genauen Grund ihrer Kinderlosigkeit, wie sie uns, ohne danach befragt zu werden, berichteten; hatten also deswegen beide oder nur der Ehemann nie einen Arzt zu Rate gezogen.

Beispiele:

Frau: *"ja, und zu den Kindern ist es nicht gekommen. Aus welchen Gründen weiß ich nicht. Kann ich nicht sagen." (50/6)*

Mann: *"Hat nie geklappt."*

Frau: *"Ich bin beim Arzt gewesen, es ist alles in Ordnung, da sollte mein Mann zum Arzt gehen, der ist nicht hingegangen. Mehr weiß ich nicht. ... Ja, und dabei ist es geblieben. Wir haben beide geheiratet und, Sie wissen ja, was man nicht hat, vermißt man nicht. Und wenn wir 'n Kind haben wollten, wir konnten ja immer eins kriegen."*

Mann: *"Wir ham uns eins gepumpt."*

Int.: *"Ja, also von Ihren .... Geschwistern?"*

Frau: *"Ja."(50252633/26)*

Die Befragten der Eheschließungskohorte von 1970 und 1980 gaben sich in den qualitativen Interviews nicht so fatalistisch.

Beispiel:

Frau: *"Also wir wollten immer sehr, sehr gerne Kinder haben, beide. War vor allen Dingen unser großer Wunsch. Und dann ... ja, hab' ich die Pille abgesetzt und dann tat sich nichts. Naja, und dann haben wir noch mal anderthalb Jahre gewartet ... ja, dann sind wir der Sache mal nachgegangen. Da bin ich erstmal total durchgecheckt worden und dann mein Mann. ... Ja, dann ging es also so weiter, daß ... wir da erstmal so Versuche gemacht haben, das heißt, mein Mann war dann eben in ärztlicher Behandlung ... Hat aber auch nichts gebracht ... Ja, und dann ... äh ... ham wir Übertragungen machen lassen .... mehrere Male, was für mich eigentlich 'ne große Belastung war, muß ich sagen, weil ich immer in der Zeit da dachte: ... hat's geklappt, hat's nicht geklappt? Da ham wir eigentlich auch noch immer die Hoffnungen gehabt .. ja, da war ich dreißig ... irgendwie klappt das dann vielleicht doch noch ... Ja, und dann ... werde ich darauf aufmerksam gemacht, daß es in Oldenburg auch diese extrakorporale Befruchtung gibt, die gibt es jetzt seit anderthalb Jahren, da ham wir dann also im letzten Jahr noch mal den Versuch gemacht, und da lag es auch mal schon an mir mit. Hm .. angeblich, weil ich zu sehr gestreßt (war) ..., ich weiß es zwar nicht ... Auf jeden Fall hat das alles nicht geklappt. Da war ich total fertig ... Jetzt muß ich mir 'ne Zigarette holen." (lacht) "Bei so 'nem doofen Thema." (lacht) "Ja, das war dann so 'ne Sache, daß mein*

Mann dann sagte, also ... das belastet Dich seelisch ... so sehr, daß ... er das eigentlich nicht mehr gut fand, diese ganzen Versuche ... Man ist da ja fast zwei Wochen jeden Tag im Krankenhaus, morgens so drei, vier Stunden, abends noch mal, um Spritzen zu kriegen, Hormonkuren. Gut, ich habe 18 Pfund zugenommen ... ich mein', gut .., das ist nur nebenbei, aber das ärgert einen dann auch noch. Und dann immer dies' Hin und Her und Warten und Tun ... nee, .. also ich wollte eigentlich alle Möglichkeiten, die es gibt, ausprobieren. Damit ich mir dann nie vorwerfen kann: Du hast nicht alles probiert. Das wollt' ich einfach. Und hab' dann nach diesem letzten Versuch eigentlich gemerkt, daß mein Mann auch nicht mehr ganz dahinter stand ... Ich mein' also jetzt so zu 90 % – möcht' ich fast sagen – ist es nach diesem ganzen Hickhack und diesen ganzen Versuchen ... irgendwie .... (entschieden)."
(71464519/6 – 9)

Die neuen Behandlungsmethoden haben den Betroffenen nicht nur eine mögliche Hilfe gebracht, sondern manchen auch eine neue Last auferlegt, nämlich sich immer wieder erneut und dauerhaft um "Abhilfe" zu bemühen, wie B. Rothmann betont: "Wie viele gefährliche experimentelle Medikamente, wie viele Monate – oder sind es Jahre – mit zwanghaftem Temperaturmessen und verquältem Sex muß man denn hinter sich bringen, bis man in Ehren aufgeben darf? Wann hat ein Paar 'alles versucht' und darf endlich aufhören?" (1985, S. 28) und E. Schindele stellte in ihrer Rundfunksendung vom 12.02.1986 die Fragen: "Warum nehmen die Frauen die Torturen der modernen Befruchtungstechnik auf sich, um zu einem eigenen Kind zu kommen? Warum können sie ihre Unfruchtbarkeit nicht akzeptieren? Vielleicht sogar als eine biographische Notwendigkeit?". Einige Autorinnen geben den Medizinern, nämlich gerade jenen, die sich auf die Infertilitätsbehandlung spezialisiert haben, hierfür die Schuld, die "um ihre aufwendigen Forschungen zu legitimieren, die besondere Bedeutung der Fruchtbarkeit herausstellen müssen. Zu ihren Standard-Argumenten gehört deshalb der Hinweis, welch' zentralen Stellenwert

Mutterschaft hat im Leben einer Frau. Das liest sich dann so: "'... für viele Frauen (ist) das eigene Kind nicht nur sehnlichster Wunsch, sondern auch ureigenstes biologisches Bedürfnis'" (E. Beck-Gernsheim 1986, S. 15; ähnlich argumentiert S. Norbisrath 1988, S. 97 ff.).

Doch gibt es auch andere Stimmen unter den Medizinern. So warnt M. Stauber, ein Spezialist in der Behandlung psychosomatisch bedingter Kinderlosigkeit, sogar davor, in jedem Fall eine Behandlung durchzuführen: es "haben mehrere Autoren an Einzelfällen dargelegt, daß funktionelle Sterilität für eine Reihe von psychisch gestörten Frauen (gleiches könnte u. U. auch für Männer gelten, N.-Hz.) einen nötigen Schutzmechanismus darstelle, der nicht leichter Hand wegkuriert werden dürfe. So gesehen erscheint die Frage gar nicht so unberechtigt, ob eine Sterilitätsbehandlung überhaupt sinnvoll erscheint" (1979, S. 1).

In der quantitativen Erhebung gingen wir ferner der Frage nach den Auswirkungen des Wissens, daß man keine Kinder bekommen wird, nach. Hierzu haben wir Statements gebildet, die wir wiederum aus den qualitativen Interviews gewonnen haben.

Die einfache Randauszählung zeigt, daß am häufigsten das Statement "seitdem wir wissen, daß wir keine Kinder bekommen werden, habe ich manchmal etwas Trauer empfunden" bejaht wurde. 56 % der unfreiwillig Kinderlosen stimmten diesem Satz zu, übrigens fast gleich viel Männer wie Frauen (55 % zu 56 %). An zweiter Stelle (= 54 %) wurde angegeben, daß man daraufhin versucht hätte, die Beziehung zu anderen Kindern auszubauen. Den dritten Rang (= 36 %) nahm das Statement "ich habe mich beruflich stärker engagiert" ein.

Die verschiedenen Statements bezogen sich insgesamt auf drei Dimensionen: auf Veränderungen in den Ehebeziehungen, auf die subjektive Befindlichkeit und auf die Art des Coping-Mechanismus. Differenziert man die Häufigkeitsangaben nach diesen Dimensionen – bei gleichzeitiger Eliminierung von Mehrfach-Nennungen in einem Bereich –, dann gaben 29 % Veränderungen an, und 44 % begegneten dem Faktum Kinderlosigkeit vor allem durch aktives Gestalten oder aktive Veränderung (z.B. durch verstärktes Engagement im Beruf oder im öffentlichen Bereich, durch Intensivierung der Beziehungen zu Mitmenschen usw.).

Eine Adoption haben nur 32,3 % einmal in Erwägung gezogen. Die Ablehnung oder das Fallenlassen dieses Gedankens wurde in den qualitativen Interviews begründet.

Beispiele:

Frau: *"Ich weiß nicht .., wenn ich 'n Kind (hab') dann .. soll (es) auch meines sein."*

Mann: *"Aber kein fremdes."*

Frau: *"Nein, kein fremdes." (30/36)*

Mann: *"Ja, wir ham uns dann auch mal damit beschäftigt, eins zu adoptieren ... Aber was man so gehört hat, da werden einem so viele Steine in den Weg gelegt, und da hab' ich gesagt, nee." (21/24)*

Mann: *"Ja, der (Gedanke) stand auch schon im Raum, aber wenn ich das höre, was man seitens der Behörden macht, also da ham wir gesagt, also ... bei aller Liebe ..., die Schwierigkeiten ... das ganze Hickhack."*

Frau: *"Überall ... die Wege, der Schriftverkehr." (26/22)*

Solange als Hinderung bereits bürokratische Schwellen empfunden werden, kann der Wunsch nach Kindern oder das Bedürfnis, dem Normalitätsmuster - Ehe mit Kind - entsprechen zu wollen, nicht sehr hoch sein. Das schließt aber nicht aus, daß "gewollte Kinderlosigkeit psychisch als eine Art von Deprivation, als Versagt-Haben oder als ein Problem der Geschlechtsidentität erlebt und empfunden wird" (L. Gienauth 1974, S. 11 ff.; A. K. W. Wagnerova 1981, S. 18; A. Jagenow und O. Mittag 1985, S. 7 ff.). Deshalb kann zum Beispiel eine Fehlgeburt zum Normalitätsgefühl verhelfen, wodurch auf Kinder dann selbstverständlicher verzichtet werden kann.

Beispiel:

Frau: *"Ja, wie gesagt, wir wollten eigentlich immer Kinder und letztes Jahr war's beinah soweit. Das heißt, ich war schwanger, ganz früh war das damals, als das festgestellt worden ist ... in der vierten oder fünften Woche. Und dann ... 'Juchu', Jubel und ... oh, das war alles ganz toll .., weil wir das wirklich wollten. Ja, und dann hatte ich 'ne Fehlgeburt, und dann haben wir gesagt: Na gut, beim nächsten Mal halt. Ich mein', das war zwar alles nicht schön ..., aber dann haben wir gesagt: Na gut. Jedenfalls weißt Du, daß Du überhaupt Kinder kriegen kannst. Also, das wußte man vorher ja nicht ... Jetzt ist es so, daß wir sagen: Ach nee .., bloß nicht." (81595336/42)*

Im folgenden soll geprüft werden, ob diejenigen, die die Kinderlosigkeit bewußt gewählt haben, sich in ihren Verarbeitungsproblemen von den medizinisch bedingten kinderlosen Ehepaaren unterscheiden; ob bei ihnen vielleicht sogar die Entscheidung zur Kinderlosigkeit gar keine Veränderung bewirkt hat.

Zunächst sei erwähnt, daß fast alle Befragten das Statement bejahten: "Häufig bewirkt die Entscheidung, daß man auf Kinder für immer (oder zunächst noch) verzichten möchte, Veränderungen im Leben". Ferner zeigte sich in unseren Daten das folgende überraschende Ergebnis: Die Angaben der beiden Gruppen von Kinderlosen – der unfreiwilligen und derjenigen, die sie bewußt gewählt haben – weichen kaum voneinander ab. Auch die freiwillig Kinderlosen berichten überwiegend, daß sie, nachdem sie diese Entscheidung getroffen haben, aktiver geworden seien (= 46 %; die Angabe bei den unfreiwillig Kinderlosen betrug 44 %). An zweiter Stelle geben sie ebenfalls an, daß sie die Beziehungen zu anderen Kindern intensiviert haben (= 36 %; bei den unfreiwillig Kinderlosen 33 %). Allein etwas seltener hat die bewußte Kinderlosigkeit Auswirkungen auf die ehelichen Beziehungen gehabt als die medizinisch bedingte (19 % zu 29 %).

Ferner ist es interessant, daß trotz der freiwilligen Entscheidung, zunächst oder für immer auf Kinder zu verzichten, 22 % angaben, daß sie manchmal etwas Trauer empfanden, daß 27 % zuweilen gezweifelt hätten, ob die Entscheidung richtig war.

Beispiel:

Frau: *"Sicher kommt der Gedanke mal und vielleicht bei einer Frau häufiger als bei einem Mann ..., vielleicht wär's doch schön gewesen." (50/7)*

Beide Statements über die Trauer und den Zweifel wurden stärker von Frauen als von Männern bejaht (52 % zu 40 %). Diese Zahlen deuten darauf hin, wie schwer und vermutlich ambivalent die Entscheidung zur Kinderlosigkeit ist, für manche vermutlich gar nicht so freiwillig, sondern stärker aufgrund äußerer Zwänge "gewählt" wird.

Die Ergebnisse über die Gründe der bewußt geplanten kinderlosen Ehe (vgl. Kapitel III. 1.3) werden also in gewissem Sinne hier nochmals bestätigt. Auch der relativ hohe Anteil von Befragten (= 28 %), die angaben, daß sie sich nach ihrer Entscheidung zur Kinderlosigkeit "irgendwie befreit gefühlt" hätten, läßt auf einen psychischen Druck schließen, unter dem – übrigens gleichermaßen – diese Frauen und Männer zuvor gestanden haben.

Auch die positive Bewertung der freiwillig Kinderlosen im Hinblick auf ihre eigene Situation gegenüber den Familien weist in die gleiche Richtung; denn die Aufwertung des eigenen Status bedeutet gleichzeitig die Abwertung des Alternativstatus. Schon in den narrativen Interviews waren diese positiven Selbstbild-Schilderungen zu finden, häufig verbunden mit einer Abwertung der sozialen Situation der Ehepaare mit Kindern.

Beispiele:

Mann: *"... man (ist) unabhängiger ..., man (kann) tun und lassen, was man will, daß man nicht immer auf Kinder Rücksicht (nehmen muß)." (26/20)*

Mann: *"Oder sie müssen auf irgendwelche Hobbys verzichten, weil sie jetzt 'n Kind haben." (31/59)*

Frau: *"Nee, das ... was mir so auffällt, ist manchmal so'n bißchen, glaub ich, Neid." (36/48)*

Diese positive Selbstbildkonzeption läßt jedoch auf eine Abwehr- bzw. Verteidigungsreaktion schließen, die auf einer vermuteten Fremdeinschätzung beruhen könnte. Wenn nämlich die Kinderlosen annehmen, daß ihre Lebensform als von der Norm abweichend betrachtet wird, könnten sie befürchten, von ihrer Umgebung abgelehnt zu werden und wählen vorbeugend als Coping-Mechanismus eine positive Umdeutung der eigenen Situation. Zur Illustration sei abschließend ein Interviewausschnitt mit einem Ehepaar wiedergegeben, deren Kinderlosigkeit medizinisch bedingt ist, in dem das häufige Vorurteil gegenüber Kinderlosen, nämlich das des Egoismus (vgl. Kap. 3.1.), auf die Männer mit Kindern projiziert wird:

> *"Es gibt ja auch egoistische Männer, die sagen: je mehr Kinder ich meiner Frau anhänge, umso mehr Freiheit hab ich, weil sie dann in die Wirtschaft gehen können ... und die Frau hat ja ... genug Arbeit zu Hause." (31/59)*

IV. Zusammenfassung

Als Abschluß soll versucht werden, eine Antwort auf die eingangs gestellte Frage zu geben, nämlich, ob die kinderlose Ehe als Typus einer neuen Lebensform, entstanden im Zuge des allgemeinen Modernisierungsprozesses mit seiner Ausprägung von alternativen Daseinsformen, gelten kann.

Differenziert nach den Gründen, die die von uns befragten Ehepartner für ihre Kinderlosigkeit nannten, muß betont werden, daß mit dem Etikett "kinderlose Ehe" sehr unterschiedliche soziale Realitäten bezeichnet werden: Kinderlosigkeit kann auf einem der Entscheidung enthobenen Grund beruhen – nämlich organisch bzw. psychosomatisch bedingt sein oder der Kinderwunsch hat sich nur noch nicht erfüllt – oder auf entscheidungsrelevantem, wobei hier zu unterscheiden ist zwischen einer lebenslangen oder befristeten Kinderlosigkeit. Die Statistiken über den zahlenmäßigen Anstieg kinderloser Ehen in der Bundesrepublik tragen dieser Vielfältigkeit keine Rechnung.

Unsere Daten, die sowohl die gegenwärtigen verursachenden Bedingungen der Kinderlosigkeit erfassen als auch jene nach der Eheschließung und damit eine Querschnitts- und familienzyklische Betrachtung erlauben, zeigen den prozessualen Verlauf zwischen den verschiedenen Gründen von Kinderlosigkeit in vielen Ehebiographien. Das heißt konkret:

Der Anteil von Ehepaaren, die sich bewußt für eine lebenslange Kinderlosigkeit entschieden haben und die mit medizinisch bedingter Kinderlosigkeit bei Ehebeginn, sind in unserem Sample sehr gering. Die Mehrzahl verbanden mit der Eheschließung sehr wohl einen Wunsch nach Kindern. Aus den verschiedensten Gründen, vor allem aber aus beruflichen, wird die Erfüllung des Kinderwunsches zunächst hinausgeschoben. Durch zwischenzeitliche Ereignisse oder über den Gewöhnungseffekt wurde dann bei vielen von ihnen aus der befristeten eine lebenslange Kinderlosigkeit. Die kinderlosen Ehen unseres Samples stellen also überwiegend noch nicht gebildete oder verhinderte Familien dar.

Auch die geringen Unterschiede in den Lebensstilen zwischen beiden Eheformen reichen nicht aus, um die kinderlose Ehe als einen neuen Systemtyp beschreiben zu können. Die Diskriminierungserfahrungen unserer kinderlosen Ehepartner waren zwar gering, und man könnte hieraus auf eine egalitäre öffentliche Anerkennung der kinderlosen Ehe neben der mit Kindern schließen, aber die positive Selbstbild-Konzeption der Kinderlosen läßt Zweifel aufkommen. Die o.a. Frage, ob die kinderlose Ehe als Typus einer neuen Lebensform gelten kann, muß also verneint werden.

Die Analyse der Verarbeitungsformen von Kinderlosigkeit und die hohe Übereinstimmung in den Problemen zwischen den verschiedenen Formen von kinderlosen Ehen verdeutlicht zudem, wie stark das Normalitätsmuster "Ehe mit Kindern" auch bei kinderlosen Ehepartnern wirksam ist bzw. gilt.

Vor allem auch das normative Mutterbild der "Nur-Mutter" - also die Unvereinbarkeit von Erwerbstätigkeit und Familie während des ersten Familienzyklus - scheint insbesondere für jene Frauen (und auch Ehemänner), die die befristete Kinderlosigkeit zunächst wählen, unumschränkte Gültigkeit zu besitzen bei gleichzeitigem hohen Berufsengagement. Damit wird aber gleichzeitig jene These verworfen, die besagt, daß allein die Berufsorientierung der Frau verursachend für die Kinderlosigkeit sei. Es scheint nämlich auf diese nicht allein anzukommen, sondern darauf, ob diese in Kombination mit einer bestimmten Mutter-Rollen-Auffassung auftritt.

Unsere Daten deuten also auf einen irrationalen Konflikt hin, nämlich auf den Antagonismus der Wertorientierungen, in dem sich diese Frauen befinden. Kinderlosigkeit könnte von ihnen - bewußt oder unbewußt - als Konfliktlösungsstrategie gewählt werden, in der Hoffnung, zu einem späteren Zeitpunkt diesen Widerspruch lösen zu können. Ein Nicht-Entscheiden-Wollen kann dann aber - wie unsere Daten zeigen - zu einer der Entscheidung enthobenen Kinderlosigkeit führen.

Insgesamt wurde im Hinblick auf die befristeten kinderlosen Ehen, der größten Gruppe in unserem Sample, deutlich, daß sozialstrukturelle Veränderungen - vor allem der unterschiedliche Wandel von gesellschaftlichen Teilsystemen - auf individueller Handlungsebene ablesbar zu sein scheinen; denn das Schul-, Ausbildungs- und Berufssystem hat sich für Frauen verändert, das Familiensystem, einschließlich der familialen Rollendefinitionen, hat keine gleichzeitigen starken Veränderungen - vor allem auch im Hinblick auf das normative "Mutter-Bild" - erfahren. Deshalb scheint die befristete kinderlose Ehe - makroperspektivisch - als Indikator eines cultural lag zu bewerten zu sein.

Anhang

1. Anmerkungen

1. Diese Interviews sind im Rahmen eines anderen Projektes, das den Titel "Familiäre Veränderungen in der Bundesrepublik Deutschland seit 1950" trug, durchgeführt worden (vgl. R. Nave-Herz 1984). Sie konnten aber zu Vergleichszwecken herangezogen werden, weil viele Fragen identisch waren. Auch dieses Forschungsprojekt war mit Hilfe der finanziellen Unterstützung seitens der VW-Stiftung durchgeführt worden.

2. J. Menken: "In fact, the main indirect evidence that infertility may be rising is the enormous increase in reported cases of PID in the United States. However, accurate data on the extent of PID, and especially of PID-induced infertility, are difficult to obtain and do not now exist. There is as yet no evidence that PID is especially high among those women who are deliberately postponing childbearing, especially if they are partners in monogamous unions. Clearly, PID is a very real problem, one which deserves increased attention. Yet it is important to distinguish carefully between the effects of <u>disease per se</u>, and the effects of <u>postponing childbearing</u>. PID ist treatable: aging is not" (aus: Age and Fertility - How long can you wait?, hektographiertes Manuskript, S. 8; erscheint in: Demography)

3. Statements über Entscheidungsgründe zur freiwilligen Kinderlosigkeit

   Im Fragebogen waren die folgenden Statements selbstverständlich nicht in dieser Reihenfolge aufgelistet, sondern "gemischt". Auch gewisse sprachliche Umformulierungen waren gegeben, je nachdem ob nach den Gründen der Kinderlosigkeit zu Beginn der Ehe oder nach der heutigen gefragt wurde. Nr. 23, 26, 30 und 36 waren nur in der Liste über die heutigen Gründe der Kinderlosigkeit aufgeführt.

1. ich möchte mich meinem Beruf voll und ganz widmen
2. ich will meinen Beruf nicht aufgeben
3. Kinder würden meinen beruflichen Aufstieg behindern
4. ich würde die Berufstätigkeit schon aufgeben, aber ich habe Angst, keine Chance der Rückkehr zu haben
5. ich will erst meine Berufsausbildung abschließen
6. die berufliche Situation meines Partners ist der Grund
7. meine Berufsbelastung ist zu groß und verringern kann ich sie nicht
8. ich bin arbeitslos und will erst eine feste Stelle haben
9. ich will meine Berufstätigkeit nicht unterbrechen
10. finanzielle Gründe
11. wollen uns erst einrichten und noch weiteres anschaffen
12. unsere Wohnung ist zu eng für Kinder
13. wir sind froh, daß wir so viel Geld haben, daß wir davon ohne Unterstützung leben können, Kinder sind deshalb nicht möglich
14. haben noch keinen Kinderwunsch
15. ich glaube, kein guter Vater/keine gute Mutter zu sein
16. ich befürchte, Kinder werden mir eine größere Hausarbeitsbelastung bringen
17. ich weiß mit Kindern nichts anzufangen
18. die Kinder meiner Freunde, in der Nachbarschaft fallen mir ziemlich "auf den Wecker"
19. mein Partner will keine Kinder
20. ich habe keine gute Erfahrung mit Kindern gemacht
21. ich habe eine gewisse Abneigung gegen Kinder
22. ich habe einfach keine Lust
23. ich habe mich jetzt so daran gewöhnt, keine Kinder zu haben
24. empfinde mich noch zu jung
25. Freizeit und Hobby haben Vorrang

26. Kinder würden jetzt unser Leben zu sehr verändern
27. ich glaube, Kinder behindern mich in meiner Selbstverwirklichung
28. ich will (noch) ungebunden bleiben
29. sind uns selbst genug
30. ich habe mich am Anfang unserer Ehe dazu entschlossen und nun bleibe ich dabei
31. meine Gesundheit
32. die Gesundheit meines Partners
33. empfinde meinen Partner noch zu jung
34. ich befürchte, Kinder werden unsere Ehebeziehung belasten
35. ich wollte zunächst die Zweisamkeit genießen
36. es gibt da z. Zt. Schwierigkeiten in der Beziehung zwischen mir und meinem Partner
37. ich möchte mehr Zeit für meinen Partner haben
38. bin zu alt
39. mein Partner ist zu alt
40. ich bin z. Zt. zu stark politisch engagiert
41. ich glaube, daß die allgemeinen Zukunftsaussichten so schlecht sind, daß man Kinder nicht verantworten kann

4. Aus den narrativen Interviews hatten wir bereits gefolgert (vgl. Nave-Herz 1988) daß bei temporärer Kinderlosigkeit bei Frauen überhaupt eine sehr traditionelle Mutterrollen-Konzeption gegeben wäre. Die zur Überprüfung dieser Annahme formulierten Statements belegten diese Vermutung nur im Hinblick auf die Aufgabe der Erwerbstätigkeit (vgl. Zahlen im Text) und - in gewissem Umfang - in bezug auf die Versorgung der Kinder, nicht aber, was die Mutter-Kind-Beziehung angeht, was aber z. T. auch an der Formulierung der Statements gelegen haben kann. Die diesbezüglichen Statements erhielten folgenden Anteil an positiver Zustimmung: (Frage - nur für weibliche Befragte)

   Wenn Sie Kinder im Babyalter - oder sagen wir bis zu 3 Jahren - hätten, wie würden Sie dann gerne als Mutter sein, unabhängig davon, ob das in Wirklichkeit möglich wäre: welche Vorstellungen innerhalb des jeweiligen Kastens kommt Ihnen am nächsten? - Karten nacheinander geben!

1. ich möchte ganz besonders liebevoll und zärtlich und immer gewährend sein 20 %
2. ich möchte liebevoll und zärtlich, aber auch fordernd sein 80 %

1. als Mutter sollte es mir nicht schwerfallen, für das Kind auch einmal Opfer zu bringen, auch wenn es mir "gegen den Strich" geht 21 %
2. wenn ich mich für ein Kind entscheide, dann aber auch mit "Haut und Haaren" 12 %
3. Mutter sein und meine eigene Selbständigkeit möchte ich unbedingt vereinigen 67 %

5. F.-X. Kaufmann, K.-P. Strohmeier u.a. haben in ihrer Untersuchung über "Familienentwicklung in Nordrhein-Westfalen - generatives Verhalten im sozialen und regionalen Kontext (Bielefeld 1985) ebenso bei 44,9 % in der Gruppe kinderloser Frauen sowohl eine positive Berufs- als auch eine positive Familienorientierung gefunden. Die Familienorientierung wurde mit den Statements erhoben: "Für eine Frau sollte an erster Stelle in ihrem Leben die Familie stehen" und "Eine Frau sollte auf ihre Interessen verzichten, wenn es um ihre Familie geht". Diese Ergebnisse stützen also unsere Aussagen (1985, S. 33). Der etwas niedrigere Anteil bei ihnen könnte darauf zurückzuführen sein, daß wir nicht alle kinderlosen Frauen, sondern nur die mit bewußt geplanter Kinderlosigkeit in unsere Auswertung einbezogen haben und uns auf die Mutter-Rollen-Konzeption und nicht auf die allgemeine Familienorientierung konzentrierten.

6. Im folgenden wird kein Unterschied zwischen den Begriffen "Diskriminierung" und "Vorurteil" getroffen. Die in der Soziologie übliche Differenzierung - nämlich Diskriminierung als eine Handlungsweise und Vorurteile als eine Gesinnungsweise zu bezeichnen - ist empirisch nicht immer exakt trennbar zu erfassen.

2. Gesprächsleitfaden

Kindheit:	getrennte Befragung - Geburtsjahr und -ort - Beruf und Eltern - Geschwisterzahl und Geschwisterstellung - Schul- und Berufsausbildung		
Phase des Kennenlernens und der Eheschließung:	- Erste Begegnung - Zusammenwohnen (Anlaß) - Verlobung und Verlobungsfeier - Heiratsanlaß - Datum der Eheschließung - Hochzeit / Polterabend - Finanziert - Wünsche und Hoffnungen bei Eheschließung - Kinderwunsch?		
Nach der Eheschließung:	Tagesablauf	Veränderungen?	Heute
	Essensgewohnheiten	"	"
	Wohnung u. Ausstattung	"	"
	Außenkontakte		
	(zu den Herkunftsfamilien)	"	"
	(zu Verwandten u. Freunden)	"	"
	Kinderzahl der Freunde	"	"
	Kinderzahl der Geschwister	"	"
	Hilfeleistungen v. Verwandten/Freunden	"	"
	Berufssituation (Mann)	"	"
	Berufssituation (Frau)	"	"
	Freizeit		
	(Urlaub)	"	"
	(Vereine)	"	"
	(getrennte Freizeit)	"	"
	Innerfamiliale Arbeitsteilung	"	"
	Ritualien	"	"
Status der Kinderlosigkeit:	- Gründe der Kinderlosigkeit - Statement über wirtschaftliche Besserstellung <u>Diskriminierung:</u> subjektives Empfinden objektive Tatsachen (Beispiele) Reaktion der Eltern " der Verwandten " der Freunde (Abnahme im Zeitverlauf?) Zukunftswünsche Zukunftspläne		

3. Tabellen

Tabelle Nr. 1: Veränderungen in den Gründen für eine bewußte Kinderlosigkeit während der Ehebiographie - in % aller Nennungen -

	Ehebeginn	Heute
Statements, die den Wunsch nach keiner Veränderung signalisieren (2, 9, 23, 26, 29, 30)*)	23,1	36,1
keinen Kinderwunsch, keine Lust, Abneigung gegen Kinder (14, 19, 21, 22)*)	16,6	18,4
Derzeitige berufliche Situation oder berufliche Unsicherheit (1, 4, 5, 6, 7, 8)*)	17,3	11,3
Befürchtungen vor Ein- bzw. Beschränkungen (nicht finanzieller Art) (3, 16, 25, 27, 28, 34, 35, 37, 40)*)	14,4	9,5
Medizinische Gründe (31, 32, 38, 39)*)	3,7	8,5
Materielle Gründe (5, 10, 11, 12, 13)*)	13,7	6,1
Pessimistische Zukunftsaussichten (41)*)	1,9	6,1
Bedenken hinsichtlich der Elternfähigkeit (15, 17, 24, 33)*)	8,7	1,7
Schlechte Erfahrungen mit Kindern (18, 20)*)	0,6	1,0
Schwierigkeiten in den Ehebeziehungen (36)*)	-	1,0
	100,0	100,0
	(519)	(294)

*) vgl. Anmerkung 3

Tabelle Nr. 2: Die persönliche Wichtigkeit von Lebensbereichen - Erste Nennungen in % -

Lebenspräferenz	Gesamt	1970	1980	Frauen	Männer
Eheleben	72,4	70,1	72,2	79,6	60,0
Beruf	20,2	20,9	20,6	15,6	28,4
Freunde	1,2	1,5	2,1	-	3,3
Wohnung	1,2	-	2,1	1,9	-
Freizeit	0,6	1,5	-	1,0	-
Hobby	0,6	1,5	-	1,0	-

Tabelle Nr. 3: Besitz von technischen Geräten - in % -

	insgesamt		nach Eheschließungskohorten			
			1970		1980	
	Ehen mit Kindern	Ehen o. Kinder	Ehen mit Kindern	Ehen o. Kinder	Ehen mit Kinder	Ehen o. Kinder
1. Staubsauger	100	100	100	100	99	100
2. Kühlschrank	100	98	100	96	100	100
3. Gas- oder Elektroherd	100	98	100	96	99	100
4. Waschmaschine	100	98	99	98	100	98
5. Telefon	100	98	100	96	100	100
6. Fernseher	100	97	100	97	99	98
7. Auto	91	94	94	94	87	94
8. Kühltruhe	84	80	86	84	82	77
9. Spülmaschine	52	53	66	57	34	51
10. Trockner	30	30	34	27	25	32
11. Mikrowellen-Gerät	2	9	2	11	2	8

Mehrfach-Nennungen

Tabelle Nr. 4: Die Arbeitsteilung in Ehen ohne und mit Kindern - in % der Nennungen

Beide zuständig

kinderlos Tätigkeiten:		mit Kindern Tätigkeiten:	
1. Abräumen	78,0	1. Urlaub	78,7
2. Urlaub	66,3	2. Abräumen	68,1
3. Abfall	54,7	3. Schuhputz	66,3
4. Schuhputz	53,1	4. Garten	63,2
5. Garten	50,4	5. Abfall	45,1
6. Abwasch	50,3	6. Einkauf	44,5
7. Einkauf	49,1	7. Abwasch	38,5
8. Staub-saugen	36,7	8. Staub-saugen	27,4
9. Frühstück	33,5	9. Briefe	27,3
10. Kochen	33,5	10. Auto-waschen	25,3
11. Briefe	32,1	11. Papier-krieg	23,4
12. Papier-krieg	30,1	12. Kochen	18,2
13. Abstauben	25,2	13. Abstauben	14,8
14. Auto-waschen	18,1	14. Frühstück	12,9
15. Waschen	14,9	15. Repara-turen	7,0
16. Repara-turen	13,2	16. Waschen	5,8

Ehemänner zuständig

Männer ohne Kinder Tätigkeiten:		Männer mit Kindern Tätigkeiten:	
1. Reparatur	83,4	1. Reparatur	92,0
2. Autowaschen	78,1	2. Autowaschen	69,1
3. Papierkrieg	37,4	3. Papierkrieg	37,3
4. Abfall	32,9	4. Abfall	31,4
5. Garten	27,8	5. Garten	19,3
6. Schuhputz	23,1	6. Schuhputz	11,1
7. Frühstück	22,9	7. Briefe	10,5
8. Urlaub	18,4	8. Urlaub	9,6
9. Einkauf	17,2	9. Frühstück	5,9
10. Staubsaugen	14,3	10. Einkauf	5,2
11. Abwaschen	11,9	11. Staubsaugen	3,9
12. Briefe	10,7	12. Kochen	3,8
13. Kochen	10,6	13. Abwaschen	2,4
14. Abräumen	8,0	14. Abräumen	1,4
15. Waschen	4,9	15. Waschen	-
16. Abstauben	4,2	16. Abstauben	-

Ehefrau zuständig

Frauen ohne Kinder		Frauen mit Kinder	
1. Wäsche ausbessern	96,1	1. Waschen	94,1
2. Bügeln	89,1	2. Abstauben	85,2
3. Waschen	80,1	3. Kochen	77,9
4. Abstauben	70,6	4. Frühstück	76,1
5. Briefe	57,1	5. Staub-saugen	68,6
6. Kochen	55,9	6. Kinder-sport	67,8
7. Staub-saugen	48,97	7. Briefe	62,2
8. Frühstück	43,5	8. Abwaschen	59,02
9. Abwaschen	37,7	9. Einkaufen	50,2
10. Einkaufen	33,7	10. Papier-krieg	39,2
11. Papier-krieg	32,5	11. Abräumen	30,4
12. Schuhputz	23,8	12. Abfall	23,5
13. Garten	21,7	13. Schuhputz	22,6
14. Urlaub	15,3	14. Kinder-spiel	18,3
15. Abräumen	14,0	15. Garten	17,4
16. Abfall	12,4	16. Urlaub	11,5
17. Auto-waschen	3,8	17. Auto-waschen	5,4
18. Repara-turen	3,3	18. Repara-turen	1,0

Tabelle Nr. 5: Kontakthäufigkeit mit beiden Herkunftsfamilien

Gemeinsames Treffen:		1970 Ehepaare ohne Kinder	1970 mit Kinder	1980 Ehepaare ohne Kinder	1980 mit Kinder
mindestens wöchentlich	Eltern d. Frau	45,2	66,7	40,7	57,7
	Eltern d. Mannes	55,9	44,4	28,0	56,3
mindestens monatlich	Eltern d. Frau	26,4	22,0	30,8	29,4
	Eltern d. Mannes	23,3	32,1	40,4	25,1
seltener	Eltern d. Frau	28,5	11,5	28,6	13,0
	Eltern d. Mannes	20,9	23,5	32,0	18,8

Tabelle Nr. 6: Frage: Wenn Sie einmal an ihren gestrigen Feierabend denken, was haben Sie da so gemacht? (Achtung! Nicht vorlesen, selbst erzählen lassen!)

	1970 Ehepaare		1980 Ehepaare	
	ohne Kinder	mit Kinder	ohne Kinder	mit Kinder
1. Platz	Fernsehen gesehen (55 %)	Fernsehen gesehen (41 %)	Fernsehen gesehen (45 %)	Fernsehen gesehen (49 %)
2. Platz	meinen Hobbies gewidmet (36 %)	Freunde/Verwandte besucht bzw. sie uns (30 %)	Hausarbeiten (37 %)	Freunde/Verwandte besucht bzw. sie uns (33 %)
3. Platz	Hausarbeiten (31 %)	Garten-/Reparaturarbeiten (29 %)	meinen Hobbies gewidmet (32 %)	Garten- und Reparaturarbeiten (26 %)
4. Platz	Freunde/Verwandte besucht bzw. sie uns (19 %)	meinen Hobbies gewidmet (28 %)	Freunde/Verwandte besucht bzw. sie uns (27 %)	meinen Hobbies gewidmet (25 %)
5. Platz	gelesen (15 %)	Hausarbeiten (16 %)	gelesen (11 %)	Hausarbeiten (20 %)

Mehrfach-Nennungen

Tabelle Nr. 7: Einstellung der Eltern zur Kinderlosigkeit - differenziert nach den Herkunftsfamilien

	nur von der mütterlichen Seite - in % -	nur von der väterlichen Seite - in % -	beide Seiten - in % -	Insgesamt
Stärker negative Nennungen: sie bedauern, keine Großeltern zu sein	13	11	16	40
sprechen uns immer mal wieder versteckt oder offen darauf an	10	11	11	32
bedauern es	3	5	3	11
das geht ihnen ganz und gar gegen den Strich	2	5	1	8
machen uns zuweilen Vorwürfe	1	4	1	6
Stärker positive Nennungen: sie haben es akzeptiert	21	11	41	73
sie befürworten unseren Entschluß	10	1	8	19
es ist ihnen gleichgültig	8	8	8	24

4. Literaturverzeichnis

Abrahams, F. u.a.: Sekundäranalysen der Repräsentativerhebung "Familie und Sozialisation 1973", Bd. 2 und 3, unveröffentl. Manuskript, Hamburg 1983

Allensbacher Jahrbuch der Demoskopie 1978-1983: Liebe - Ehe - Familie, Bd. 8, Allensbach 1983

Arnold, F./Fawcett, J. T.: The Value of Children - a Cross-national Study. East-West-Population Institute, Hawaii 1974

Bächtold-Gränzli, H.: Handwörterbuch des deutschen Aberglaubens, Band IV, Berlin und Leipzig 1931/1932

Bak, M. u.a.: Changes in the Life Patterns of Families in Europe, London (im Druck)

Bargel, T.: Überlegungen und Materialien zu Wertdisparitäten und Wertwandel in der Bundesrepublik Deutschland; in: Wertwandel und gesellschaftlicher Wandel, hrsg. v. H. Klages und P. Kmieciak, Frankfurt/Main 1979, S. 156-170

Baum, F.: Voluntarily childless marriages; in: The International Journal of Sociology and Social Policy, 1982, S. 40-54

BAT-Freizeitforschungsinstitut: Der Freizeitbrief, Hamburg November 1985

Bayropharm: Ungewollte Kinderlosigkeit ... Erst das gemeinsame Kind führt zum Wunschkind, Köln o.J.

Beck-Gernsheim, E.: Von der Pille zum Retortenbaby: Neue Handlungsmöglichkeiten, neue Handlungszwänge im Bereich des generativen Verhaltens; in: Die "postmoderne" Familie, hrsg. v. K. Lüscher u.a., Konstanz 1988, S. 201-215

Beck-Gernsheim, E.: Vom Geburtenrückgang zur neuen Mütterlichkeit? Über private und politische Interessen am Kind, Frankfurt/Main 1984

Beitl, R.: Wörterbuch der deutschen Volkskunde, Stuttgart 1974

Berger, P./Luckmann, Th.: Die gesellschaftliche Konstruktion der Wirklichkeit, Frankfurt 1969

Bernhard, P.: Die Sterilität des Weibes, Stuttgart 1947

Biermann, I./Schmerl, Ch./Ziebell, L.: Leben mit kurzfristigem Denken. Eine Untersuchung zur

Situation arbeitsloser Akademikerinnen, Weinheim 1983
Biermann, I./Ziebell, L.: "Der Schlüssel zur Lösung der Arbeitslosigkeit liegt bei den Frauen ..."; in: Psychologie und Gesellschaftskritik 1983, S. 24-45
Blake, J.: Is Zero Preferred? American Attitudes Towards Childlessness in the 1970s; in: Journal of Marriage and the Family 1979, S. 245-257
Bolte, K. M.: Typen generativen Verhaltens, Zeitschrift f. Bevölkerungswissenschaft, 1980, H. 1, S. 5-23
Borelli, S.: Die psychogenen Fertilitäts- und Sexualstörungen beim Manne; in: Handbuch der Haut- und Geschlechtskrankheiten, Bd. VI/3; hrsg. von H. Schürmann und R. Drepfmer, Göttingen 1960
Calhoun, L. G./Selby, J. W.: Voluntary Childlessness, Involuntary Childlessness, and Having Children: A Study of Social Perceptions; in: Family Relations, 1980, S. 181-183
Callan, J.: The Voluntarily Childless and their Perceptions of Parenthood and Childlessness; in: Journal of Comparative Family Studies, 1983, S. 87-96
Champbell, F.: Family growth and variation in family role structure; in: Journal of Marriage and the Family, H. 1, 1970, S. 45-52
Condrau, G.: Psychosomatik der Frauenheilkunde, Bern/Stuttgart 1969
Deppe, W.: Drei Generationen Arbeiterleben. Eine soziobiographische Darstellung, Frankfurt/Main 1982
Dessai, E.: Auf dem Weg in die kinderlose Gesellschaft, Hamburg 1979
Dettling, W. (Hrsg.): Schrumpfende Bevölkerung - Wachsende Probleme, München 1978
Eid, V./Vaskovics, L.: Wandel der Familie - Zukunft der Familie, Frankfurt/Main 1982
European Coordination Centre for Research and Documentation in Social Sciences: Changes in Family Patterns since World War II, National Reports, Wien 1982/1983
Fabe, M./Wikler, N.: Up Against the Clock, New York 1979
Farkas, G.: Education, wages rates, and the division of labour between husband and wife;

in: Journal of Marriage and the Family, H. 3, 1976
Fauser, R.: Zur Isolationsproblematik von Familie, Reihe: Deutsches Jugendinstitut, München 1982
Fisch, R./Lüscher, K. u.a.: Das Erziehungsverständnis junger Eltern, Arbeitsbericht Nr. 13, Konstanz 1982
Franke, L./ Jürgens, H. W. (Hrsg.): Keine Kinder - Keine Zukunft?, Schriftenreihe des Bundesinstituts für Bevölkerungsforschung, Bd. 4, 2. Aufl., Boppard a. Rh. 1978
Glatzer, W./Zapf, W. (Hrsg.): Lebensqualität in der Bundesrepublik, Frankfurt/Main 1977
Glatzer, W./Herget, H.: Ehe, Familie und Haushalt; in: Lebensqualität in der Bundesrepublik - Objektive Lebensbedingungen und subjektives Wohlbefinden - hrsg. v. W. Glatzer und W. Zapf, Frankfurt/Main 1984, S. 124-140
Gienauth, L.: Adoption, Zürich 1974
Goldschmidt, O./de Boor, C.: Psychoanalytische Untersuchungen funktionell steriler Ehepaare - eine Leitstudie; in: Psyche, 1976, S. 899-923
Gronemeyer, M.: Alternative und Selbsthilfe, Berlin 1979
Gutachten des wiss. Beirats für Familienfragen beim BMJFFG: Familie und Wohnen, Band 20 der Schriftenreihe des BMJFFG, 2. Aufl., Stuttgart 1976
Gutachten des wiss. Beirats für Familienfragen beim BMJFFG: Leistungen für die nachwachsende Generation in der Bundesrepublik Deutschland, Stuttgart 1979
Gutachten des wiss. Beirats für Familienfragen beim BMJFFG: Familie und Arbeitswelt, Stuttgart 1984
Hagoel, L./Lissak, A./Hagoel, R.: Infertility and its Treatment - Consequences for the Family (hektographiert) Jerusalem, CFR Seminar 12.6.1986
Heinke, E./Döpfmer, R.: Fertilitätsstörungen beim Mann; in: Handbuch der Haut- und Geschlechtskrankheiten, Berlin 1960
Held, Th.: Soziologie der ehelichen Machtverhältnisse, Neuwied 1978
Höhn, C./Otto, J.: Bericht über die demographische Lage in der Bundesrepublik und über die Weltbevölkerungstrends; in: Zeitschrift für Be-

völkerungswissenschaft, 1984, H. 4, S. 445-518

Höpflinger, F.: Wandel der Familienbildung in Westeuropa, Frankfurt/Main 1987

Hoffman, L.W./Hoffman, M. L.: The Value Children to Parents; in: Psychological Perspectives on Population, hrsg. v. J. T. Fawcett, New York 1973, S. 19-76

Hoffman, J. W./Manis, J. D.: The Value of children in the United States; in: Family Relationships - Reward and Costs, hrsg. v. F. Ivan Nye, London 1982, S. 143-170

Hoffmann-Riem, C.: Das adoptierte Kind - Familienleben mit doppelter Elternschaft, München 1984

Houseknecht, S. K.: Voluntary childlessness; in: Handbook of Marriage and the Family, hrsg. v. M. B. Sussman u. S. K. Steinmetz, New York 1987, S. 369-395

Hubbard, W. H.: Familiengeschichte, München 1983

Institut für Demoskopie Allensbach: Eine Generation später. Bundesrepublik Deutschland 1953 - 1979. Eine Allensbach-Langzeit-Studie, Allensbach 1981

Institut für Demoskopie Allensbach: Ehe und Familie - Einstellungen zur Ehe und Familie im Wandel der Zeit. Eine Repräsentativuntersuchung, hrsg. v. Ministerium für Arbeit, Gesundheit, Familie und Sozialordnung, Baden-Württemberg, Stuttgart 1985

Jagenow, A./Mittag, O.: Ungewollte Kinderlosigkeit; in: pro familia magazin, 1985, S. 7-9

Jürgens, H. W./Pohl, K.: Kinderzahl - Wunsch und Wirklichkeit, Schriftenreihe des Bundesinstituts für Bevölkerungsforschung, Bd. 1, Stuttgart 1975

Jürgens, H. W.: Sozialpsychologische Aspekte eines Bevölkerungsrückganges; in: Zeitschrift für Bevölkerungswissenschaft, 1977, H. 1, S. 2-16

Kade, S.: Methoden des Fremdverstehens, Bad Heilbrunn 1983

Kaiser, R.: Die kinderlose Ehe aus gynäkologisch-endokrinologischer Sicht; in: Diagnostik 1977, H. 10, S. 123-126

Kaufmann, F.-X./Strohmeier, P.: Familienentwicklung in Nordrhein Westfalen - Generatives Verhalten im sozialen und regionalen Kontext,

hrsg. v. Ministerpräsidenten des Landes Nordrhein Westfalen, Düsseldorf 1985
Kaufmann, F.-X./Quitmann, J. u.a.: Familienentwicklung in Nordrhein Westfalen - sozialräumliche Kontexte, Modellierung und Mikrosimulation, Institut für Bevölkerungs-, Forschungs- und Sozialpolitik, Universität Bielefeld 1984
Kiaer, A. N.: Statistische Beiträge zur Beleuchtung der ehelichen Fruchtbarkeit, Christiana 1903
Kiefl, W./Schmid, J.: Empirische Studien zum generativen Verhalten - Erklärungsbefunde und theoretische Relevanz -, Schriftenreihe des Bundesinstituts für Bevölkerungsforschung, Bd. 15, Wiesbaden 1985
Kisch, H.: Die Sterilität des Weibes, Wien 1886
Klages, H./Kmieciak, P. (Hrsg.): Wertwandel und gesellschaftlicher Wandel, Frankfurt/Main 1979
Klages, H.: Wertorientierungen im Wandel - Rückblick, Gegenwartsanalyse, Prognosen -, Frankfurt/Main 1984
König, R.: Soziologische Orientierungen, Köln/Berlin 1965
König, R. (Hrsg.): Handbuch zur empirischen Sozialforschung: Familie und Alter, Bd. 7, 2. Aufl., Stuttgart 1976
Krüger, D.: Trends und Tendenzen in der häuslichen Arbeitsteilung unter rollentheoretischer Perspektive; in: Hauswirtschaftliche Bildung, 1986, H. 1, S. 3-12
Krüger, D.: Geborgenheit und Ausbruch - Familie, Gemeinschaft, Protest 1945 - 1963; in: Was ist das bessere Leben? Frauen in ihren Familien - in ihrer Gesellschaft, hrsg. v. T. Rülcker - German and English Newsletter für Eltern, Erzieher, Lehrer und Sozialarbeiter, September 1987, S. 15-22
Krüsselberg, H.-G. u.a.: Verhaltenshypothesen und Familienzeitbudgets - Die Ansatzpunkte der "Neuen Haushaltsökonomik" für Familienpolitik, Schriftenreihe des Bundesministers für Jugend, Familie und Gesundheit, Band 182, Stuttgart 1986
Lehmann, A.: Erzählstruktur und Lebenslauf. Autobiographische Untersuchungen, Frankfurt/Main 1983

Loux, F.: Das Kind und sein Körper in der Volksmedizin, hrsg. v. K. Lüscher, Stuttgart 1980

Lüschen, G.: Kontinuität und Veränderung in den familiären Netzwerken; in: Wandel und Kontinuität der Familie in der Bundesrepublik Deutschland, hrsg. v. R. Nave-Herz, Stuttgart 1988. S. 145-172

Lupri, E./Mills, D. L.: The Household Division of Labour in young Dual-Earner Couples the Case of Canada; in: International Review of Sociology 1987, S. 33-54

Mackenroth, G.: Bevölkerungslehre - Theorie, Soziologie und Statistik der Bevölkerung, Göttingen 1953

Mackensen, R.: Bevölkerungsentwicklung und Wirtschaftswachstum, Sozialforschungsstelle an der Universität Münster, Materialien aus der empirischen Sozialforschung, H. 1, Dortmund 1965

Mackensen, R./Schulze, E./Meyer, S.: Zur Analyse des generativen Verhaltens am Beispiel junger Frauen 1978; in: Materialien zur Bevölkerungswissenschaft, H. 37, Wiesbaden 1984

Mackensen, R./Umbach, E.: Auswirkungen eines Bevölkerungsrückgangs auf die Lebensbedingungen in der Bundesrepublik Deutschland - Szenarien bis 2040, Berlin (Institut für Soziologie der TU) 1986

Mayr, G. von: Statistik der Gesellschaftslehre, Tübingen 1917

Menken, J.: Age and Fertility - How long can you wait? (hektographiertes Manuskript; erscheint in: Demography)

Metthews, R. und Metthews, A.N.: Infertility and Involuntary Childless - The Transition to Nonparenthood; in: Journal of Marriage and the Family, 1986, S. 641-649

Metz-Göckel, S./Müller, U.: Der Mann - Die Brigitte-Studie, Weinheim 1986

Mitterauer, M.: Zur gesellschaftlichen Bewertung von Ehe und Elternschaft; in: Die Institution der Ehe, Berlin 1979, S. 17-25

Münkel, W.: Geburtenrückgang als Folge veränderten generativen Handelns; in: Zeitschrift für Bevölkerungswissenschaft, 1984, S. 193-207

Napp-Peters, A.: Ein-Elternteil-Familien, Weinheim 1985

Nauck, B.: Erwerbstätigkeit und Familienstruktur - eine empirische Analyse des Einflusses außerfamiliärer Ressourcen auf die Familien und die Belastung von Vätern und Müttern, DJI-Forschungsbericht, München 1987
Nauck, B: Erwerbstätigkeit und Struktur, Weinheim 1987
Nauck, B.: Konkurrierende Freizeitdefinitionen und ihre Auswirkungen auf die Forschungspraxis der Freizeitsoziologie; in: Kölner Zeitschrift für Soziologie und Sozialpsychologie, 1983, S. 274-303
Nave-Herz, R.: Beruf - Freizeit - Weiterbildung, Darmstadt 1976
Nave-Herz, R./Nauck, B.: Familien und Freizeit, München 1978
Nave-Herz, R.: Familiale Veränderungen in der Bundesrepublik Deutschland seit 1950; in: ZSE, 1984, H. 1, S. 46-63
Nave-Herz, R. (Hrsg.): Familiäre Veränderungen seit 1950 - eine empirische Studie - Abschlußbericht/Teil I, Oldenburg 1984
Nave-Herz, R.: Bedeutungswandel von Ehe und Familie; in: Familie - Zerfall oder neues Selbstverständnis, hrsg. v. H. J. Schulze u. T. Mayer, Würzburg 1987, S. 18 - 27
Nave-Herz, R.: Zeitgeschichtlicher Bedeutungswandel von Ehe und Familie; in: Wandel und Kontinuität der Familie in der Bundesrepublik, Stuttgart 1988, S. 61-94
Nave-Herz, R.: Tension between working hours and family life; in: Changing family life patterns in Europe, hrsg. v. M. Bak u.a., London (im Druck)
Nave-Herz, R. (Hrsg.): Wandel und Kontinuität der Familie in der Bundesrepublik Deutschland, Stuttgart 1988
Noll, H.: Soziale Indikatoren für Arbeitsmarkt und Beschäftigungsbedingungen; in: Lebensbedingungen in der Bundesrepublik - Sozialer Wandel und Wohlfahrtsentwicklung, hrsg. v. W. Zapf, Frankfurt/Main 1977, S. 209-322
Norbisrath, S.: Weiblicher Identitätskonflikt am Beispiel ungewollter Kinderlosigkeit; in: Beiträge zur feministischen Theorie und Praxis - Mamalogie 1988, S. 97-102
Oeter, K.: Entscheiden und Handeln, Stuttgart 1984

Opaschowski, H. W.: zitiert in: Der Freizeitbrief vom BAT-Freizeitforschungsinstitut, November 1985, S. 2

Oppitz, G./vom Rosenstiel, L./Spieß, E.: Wertwandel und Kinderwunsch; in: Zeitschrift für Bevölkerungswissenschaft 1983, S. 387-400

Osterland, M.: Lebensgeschichtliche Erfahrung und gesellschaftliches Bewußtsein. Anmerkungen zur sozio-biographischen Methode; in: Soziale Welt 1973, S. 409-417

Osterland, M.: Die Mythologisierung des Lebenslaufs. Zur Problematik des Erinnerns; in: Soziologie: Entdeckungen im Alltäglichen, hrsg. v. Baethge, M. und Eßbach, W., Frankfurt/Main 1983, S. 279-290

Perrucci, C. C./Potter, H. R./Rhoads, D. L.: Determants of male family-role performance; in: Psychology of Women Quarterly, 1978, S. 53-66

Pfeffer, N./Woollett, A.: The Experience of Infertility, London 1983

Pohl, K.: Ergebnisse der Longitudialuntersuchung Generatives Verhalten in der Bundesrepublik - Charakteristika kinderloser Ehefrauen -; in: Zeitschrift für Bevölkerungswissenschaft, 1975, H. 1, S. 53-65

Pohl, K.: Wende oder Einstellungswandel? Heiratsabsichten und Kinderwunsch 18- bis 28jähriger deutscher Frauen 1978 bis 1983; in: Zeitschrift für Bevölkerungswissenschaft, 1985, S. 89-110

Prause, G.: Genies ganz privat, Hamburg 1977

Prinzing, F.: "Die sterilen Ehen"; in: Zeitschrift für Sozialwissenschaft, VII. Bd., 1. u. 2. Heft, Berlin 1904, S. 47-51; 117-122

Ramu, G. N.: Voluntarily Childless and Parental Couples: A Comparison of Their Lifestyle Characteristics, Spring 1985, S. 120-145

Ramu, G.N./Tavuchis, N.: The Valuation of Children and Parenthood Among the Voluntarily Childless and Parental Couples in Canada; in: Journal of Comparative Family Studies, XVII, H. 1, 1986, S. 99-116

Rao, S. L. N.: A Comparative Study of Childlessness and Never-Pragnant Stadus; in: Journal of Marriage and the Family 1974, S. 149-157

Rerrich, M. S.: Kinder - wieso? Überlegungen zu einer letztlich unbeantwortbaren Frage; in: Pro-Familia-Magazin 1985, S. 5-6

Rothmann, B.: Die freie Entscheidung und ihre Grenzen; in: Additti, R./Klein, R. D./Minden, S.: Retortenmütter. Frauen in den Labors der Menschenzüchter, Reinbek 1985, S. 19-30
Rückert, G.-R.: Charakteristika kinderloser Erstehen; in: Zeitschrift für Bevölkerungswissenschaft, 1979, S. 100-111
Ryffle-Gericke, Chr.: Männer in Familie und Beruf - eine empirische Untersuchung zur Situation Schweizer Ehemänner, Diessenhofen 1983
Sauer-Burghard, B.: Wie taube Nüsse am Weltenbaum - eine Wiederauflage reaktionärer Frauenpolitik gegen Emanzipation und sogenannte kinderlose Frauen; in: Beiträge zur feministischen Theorie und Praxis - Mamalogie 1988, S. 43-52
Scheuch, E. K./Meyersohn, R.: Soziologie der Freizeit, Köln 1972
Schieren, C.: Fertilitätsstörungen des Mannes, Stuttgart 1961
Schindele, E.: Der Wunsch nach Elternschaft, Sendung des Süddeutschen Rundfunks am 3.3.1986
Schindele, E.: Kinderwunsch - Kinder nach Wunsch - Wunschkinder? Sendung des Süddeutschen Rundfunks vom 10.3.1986
Schirken, C./Gey, G.: Der Einfluß des Rauchens auf die Fortpflanzungsfähigkeit bei Mann und Frau; in: Zeitschrift für Haut- und Geschlechtskrankheiten, 1969, S. 175-182
Schmidtchen, G.: Die Situation der Frau - Trendbeobachtungen über Rollen- und Bewußtseinsänderungen der Frauen in der Bundesrepublik Deutschland, Berlin 1984
Schmitz-Köster, D.: Frauen ohne Kinder, Hamburg 1987
Schubnell, H.: Der Geburtenrückgang in der Bundesrepublik Deutschland, Schriftenreihe des BMJFG, Bd. 6, Stuttgart 1973
Schwarz, K.: Zur Problematik der unerfüllten Kinderwünsche; in: Zeitschrift für Bevölkerungswissenschaft 1983, S. 401-411
Schwarz, K.: Childlessness in Germany in the Past and Today, (Manuskripte) 1985
Silverman, A.: The Case against Having Children, New York 1971
Sommerkorn, I. N.: Die erwerbstätige Mutter in der Bundesrepublik: Einstellungs- und Problemveränderungen; in: R. Nave-Herz, Hg., Wandel und

Kontinuität der Familie in der Bundesrepublik Deutschland, Stuttgart 1988
Stauber, M.: Psychosomatik der sterilen Ehe, Berlin 1979
Stegner, H. E.: Die männliche Infertilität und ihre Ursachen; in: Medizinische Monatsschrift, 23, 1969, S. 480-485
Stieve, H.: Unfruchtbarkeit als Folge unnatürlicher Lebensweise, München 1926
Stolten, I./Ayck, T.: Keine Lust auf Kinder? Eine politische Streitschrift, Hamburg 1988
Strohmeier, K. P.: Quartier und soziale Netzwerke. Grundlagen einer sozialen Ökologie der Familie, Frankfurt/Main 1983
Szczepanski, J.: Die biographische Methode; in: Handbuch der empirischen Sozialforschung, hrsg. v. R. König, Bd. 4, 3. Aufl., Stuttgart 1974
Tacke, W.: Glück, Zufriedenheit und generative Verhaltensvorstellungen. Ergebnisse einer globalen Umfrage; in: Zeitschrift für Bevölkerungswissenschaft, 1978, S. 395-423
Taubert, H.-D.: Ärztlicher Rat für kinderlose Ehepaare, Stuttgart 1972
Tölke, A.: Zuverlässigkeit retrospektiver Verlaufsdaten - Qualitative Ergebnisse einer Nachbefragung, Arbeitspapier Nr. 30, Universität Frankfurt und Universität Mannheim 1980
Toman, W.: Faktoren der Bevölkerungsentwicklung, Erlangen 1977
Toman, W.: Kinder, das unbequeme Glück, Hamburg 1979
Tyrell, H.: Probleme einer Theorie der gesellschaftlichen Ausdifferenzierung der privatisierten modernen Kleinfamilie; in: Zeitschrift für Soziologie, 1976, H. 4, S. 393-417
Umbach, E. (Hrsg.): Geburtenrückgang, Bildungssystem, Lage der jungen Generation, Frankfurt 1981
Urdze, A./Rerrich, M. S.: Frauenalltag und Kinderwunsch - Motive von Frauen für oder gegen ein zweites Kind, Frankfurt/Main 1981
Vaskovics, L.: Veränderungen der Wohn- und Wohnumweltbedingungen in ihren Auswirkungen auf die Sozialisationsleistung der Familie; in: Wandel und Kontinuität der Familie in der Bun-

desrepublik Deutschland, hrsg. v. R. Nave-Herz, Stuttgart 1988, S. 36-60
Veevers, J. E.: The Parenthood Prescription; in: Alternatives - Perspectives on Society and Environment, 1974, H. 3, S. 32-37
Veevers, J. E.: The Moral Careers of Voluntarily Childless Wives - Notes on the Defense of a Variant World View; in: The Family - Functions, Conflicts and Symbols, hrsg. v. P. J. Stein u.a., London 1977
Veevers, J. E.: Voluntary Childlessness. A Review of Issues and Evidence; in: Marriage and Family Review, 1979, 2, 1, S. 3-26
Veevers, J. E.: Childless by Choice, Toronto 1980
Veevers, J. E.: Voluntary Childlessness - A Critical Assessment of the Research; in: Contemporary Families and Alternative Lifestyles, hrsg. v. E. D. Macklin u. R. H. Rubin, London 1983
Wagnerowa, A. K.: Wir adoptieren ein Kind, Freiburg 1981
Wilkie, J. R.: Involuntary childlessness in the United States; in: Zeitschrift für Bevölkerungswissenschaft, 1984, S. 37-52
Wingen, M.: Kinder in der Industriegesellschaft - wozu?, Zürich 1982

5. Sachverzeichnis*

*) Das Sachverzeichnis wurde dankenswerterweise von Frau Ursula Oßwald, Oldenburg, zusammengestellt.